I0040972

Entreprises :
une affaire d'État

Éditions d'Organisation
Groupe Eyrolles
61, bd Saint-Germain
75240 Paris cedex 05

www.editions-organisation.com
www.editions-eyrolles.com

Avec la collaboration de Guillaume Clapeau

DANGER

LE PHOTOCOPILLAGE TUE LE LIVRE

Le Code de la propriété intellectuelle du 1er juillet 1992 interdit en effet expressément la photocopie à usage collectif sans autorisation des ayants droit. Or, cette pratique s'est généralisée notamment dans l'enseignement provoquant une baisse brutale des achats de livres, au point que la possibilité même pour les auteurs de créer des œuvres nouvelles et de les faire éditer correctement est aujourd'hui menacée.
En application de la loi du 11 mars 1957, il est interdit de reproduire intégralement ou partiellement le présent ouvrage, sur quelque support que ce soit, sans autorisation de l'Éditeur ou du Centre Français d'Exploitation du Droit de copie, 20, rue des Grands-Augustins, 75006 Paris.

© Groupe Eyrolles, 2010
ISBN : 978-2-212-54552-4

Marie Visot

Entreprises : une affaire d'État

Réflexion sur la nouvelle relation entre le monde politique et le monde des entreprises

Collection Le capitalisme en mouvement
dirigée par Nicolas Bouzou

EYROLLES
Éditions d'Organisation

Dans la même collection :

Nicolas Bouzou, *Le capitalisme idéal.*

Nicolas Pécourt, *Un monde sans crédit ?*

Rafik Smati, *Vers un capitalisme féminin.*

Chez le même éditeur :

Nicolas Bouzou, *Petit précis d'économie appliquée à l'usage du citoyen pragmatique,* Eyrolles, 2007. Prix spécial du jury du prix Turgot du meilleur livre d'économie financière.

Nicolas Bouzou, *Krach financier – Emploi, crédits, impôts : ce qui va changer pour vous,* Eyrolles, 2009.

Sommaire

© Groupe Eyrolles

Remerciements

Merci à tous ceux qui se reconnaîtront dans ces quelques lignes. À tous ceux qui, entre deux rendez-vous, ont alimenté ma réflexion. À tous ceux qui ont bataillé pour défendre leur point de vue !

Merci aussi à mes collègues du *Figaro* pour leur soutien, à ma famille pour son renfort et son affection.

Enfin, ces quelques mois d'écriture auraient été moins amusants sans Antoine, Arnaud, Barbara, Cyrille, Laurent, Mathilde, Nicolas, Olivier, Philippe, Stéphane…

Les acteurs de ces dernières années
(entre autres
et par ordre alphabétique...)

Bruno Bézard, directeur général de l'Agence des participations de l'État (depuis 2007).

Jean-François Cirelli, vice-président de GDF-Suez (depuis 2008).

Charles Edelstenne, PDG de Dassault Aviation (depuis 2000).

Christian Estrosi, ministre de l'Industrie (depuis 2009).

Ramon Fernandez, directeur de la Direction générale du Trésor au ministère de l'Économie (depuis 2009).

François Fillon, Premier ministre (depuis 2007).

Antoine Gosset-Grainville, directeur adjoint du cabinet de François Fillon, en charge des questions économiques (depuis 2007).

Alexandre de Juniac, ancien directeur général chez Thales (2004-2009), directeur de cabinet de Christine Lagarde au ministère de l'Économie (depuis 2009).

Nelly Kroes, commissaire européenne à la Concurrence (2004-2009).

Patrick Kron, PDG d'Alstom (depuis 2003).

© Groupe Eyrolles

Christine Lagarde, ministre de l'Économie, de l'Industrie et de l'Emploi (depuis 2007).

Anne Lauvergeon, PDG d'Areva (depuis 2001).

Gérard Mestrallet, PDG de GDF-Suez (depuis 2008).

Emmanuel Moulin, ancien directeur adjoint du cabinet de Christine Lagarde (2007-2009), conseiller économique à l'Élysée (depuis 2009).

Xavier Musca, ancien directeur du Trésor (2004-2009), secrétaire général adjoint de l'Élysée (depuis 2009).

Christian Noyer, gouverneur de la Banque de France (depuis 2003).

Laurence Parisot, présidente du MEDEF (depuis 2005).

François Pérol, ancien secrétaire général adjoint de l'Élysée (2007-2009), président de BPCE (depuis 2009).

Stéphane Richard, ancien directeur de cabinet de Christine Lagarde au ministère de l'Économie (2007-2009), directeur général de France Telecom (depuis 2010).

Denis Ranque, ancien patron de Thales (1998-2009).

Augustin de Romanet, directeur général de la Caisse des dépôts et consignations (CDC) (depuis 2007).

Nicolas Sarkozy, président de la République (depuis 2007).

Christian Streiff, ancien patron de PSA (2007-2009).

© Groupe Eyrolles

Et Daniel Bouton, René Carron, Bernard Comolet, Philippe Dupont, Pierre Mariani, Charles Milhaud, Frédéric Oudéa, Georges Pauget, Michel Pébereau, Baudouin Prot... banquiers et ex-banquiers.

Prologue

« Plus rien ne sera comme avant »

Février 2009. La pluie tombe devant les grandes baies vitrées ; au sixième étage du paquebot qu'est le ministère de l'Économie, je torture − façon de parler, bien sûr − un ponte des lieux. La crise bat alors son plein et la journaliste que je suis est bien décidée à comprendre le nouveau rôle que veut jouer l'État. Car j'ai le sentiment qu'il est en train de saisir l'opportunité que les événements lui donnent pour reprendre le dessus sur les entreprises. « Aujourd'hui, si l'on prend la liste des sociétés du CAC 40, il n'y en a quasiment plus une seule dans laquelle l'État n'a pas un intérêt d'une manière ou d'une autre », lâche alors mon interlocuteur. Aveu intéressant…

Le matin même, le *Figaro* explique à ses lecteurs que « depuis l'éclatement brutal, violent, sans précédent, de la crise financière à l'automne dernier, il est clair que, dans la vie des affaires, plus rien ne sera comme avant. Non seulement dans les pratiques, dans la gouvernance et dans la gestion même des entreprises, mais aussi dans leurs rapports avec l'État. L'intervention − nécessaire et urgente − de la puissance publique pour soutenir des secteurs en difficulté, comme la banque et l'automobile, a tracé de nouvelles frontières et créé de nouveaux rapports de force ».

L'éditorial[1] du quotidien met le doigt sur une donne moderne de la politique économique française : un « nouveau rapport de force » entre les entreprises et l'État. Ce dernier vient d'achever le laborieux rapprochement entre les Caisses d'Épargne et les Banques Populaires. Bien que ces établissements soient au plus mal, leurs fiançailles s'éternisaient ; l'Élysée a « tout simplement » décidé d'accélérer le mariage, avec en cadeau de noces une coquette somme de 5 milliards d'euros pour les remettre à flot, elles et leur filiale commune Natixis, qui va résolument mal. Une reprise en main alors justifiée par un enjeu d'intérêt national : la santé d'une banque et, le cas échéant, sa faillite, ce n'est pas uniquement l'affaire de quelques banquiers ; c'est celle de tous les Français.

Quelques mois plus tôt, c'est le plan de sauvetage de toutes les banques qui faisait l'actualité. L'État ouvrait alors un guichet financier auquel les six principaux réseaux bancaires français firent appel afin de renflouer leurs capitaux, à hauteur de plusieurs milliards d'euros chacun. Les Français n'ont, sur le coup, pas compris pourquoi l'État « dépensait » des milliards pour les banques. Il faudra toute la pédagogie des ministres, du Premier ministre et même du président de la République

---

1. Gaëtan de Capèle, *Le Figaro*, 23 février 2009.

© Groupe Eyrolles

pour expliquer les principes des prêts remboursables (l'État récupérera l'argent à un taux de… 8 % !) et les dangers d'un risque systémique (un dysfonctionnement qui peut paralyser l'ensemble du système financier).

Quelques semaines plus tard, les constructeurs automobiles français étaient eux aussi touchés… Fin février 2009, ils allèrent à leur tour frapper à la porte de l'État. Asphyxiés par des consommateurs boudeurs, de nouveaux modèles peu séduisants, des filiales financières ébranlées et une concurrence accrue, Renault et Peugeot frôlèrent la catastrophe. L'État leur prêta alors 6 milliards d'euros. Six milliards que les patrons des deux groupes ont âprement négociés, à Bercy, à Matignon, à l'Élysée. De leur propre aveu, jamais ils n'avaient passé autant de temps avec les serviteurs de l'État ! Des heures de démêlés. Sur le schéma financier, mais surtout sur les contreparties qu'exigeait le gouvernement. À vouloir imposer ses conditions dans la négociation, le PDG de la marque au lion, Christian Streiff, s'est mis une partie des membres du gouvernement à dos, fragilisant encore davantage sa position auprès des actionnaires – déjà divisés sur son cas – et à la tête de PSA Peugeot Citroën. Il quittera le groupe le 29 mars 2009.

C'est l'État qui, cette fois-ci, mène la danse.

Reprenons donc. « Aujourd'hui, si l'on prend la liste des sociétés du CAC 40, il n'y en a quasiment plus une seule dans laquelle l'État n'a pas un intérêt d'une manière ou d'une autre. » Capitalistique, fournisseur-client, stratégique… autant de raisons qui, du point de vue de l'État, justifient qu'il mette son nez dans la marche des entreprises. Et légitiment ce travers, si l'on peut l'appeler comme ça, qui a toujours existé. Elles font, en tout cas, les affaires de Nicolas Sarkozy, le président de la République ayant un penchant naturel — à la fois gaulliste et en raison des relations qu'il a nouées depuis de nombreuses années avec les patrons — à se mêler de la vie des secteurs semi-public et privé. N'a-t-il pas, avant la crise financière, voulu lui-même régler la fusion entre Suez et GDF ? L'Élysée n'a-t-il pas été à la manœuvre ces derniers mois pour résoudre l'épineux dossier de l'aéronautique ? On se souvient ainsi qu'en mai 2009, Dassault rachète 20 % de Thales à Alcatel-Lucent au nez et à la barbe d'EADS — pour la simple et bonne raison que le palais présidentiel ne veut pas entendre parler de l'offre du groupe franco-allemand — et impose au passage l'homme qu'il veut voir à sa tête !

Quels sont les différents rôles d'un « patron » ? D'abord, nommer les dirigeants. Ensuite, définir une stratégie de développement pour son entreprise — *via* le choix des investissements, notamment — et assurer son financement. Il doit également entretenir un dialogue permanent avec ses salariés. Et enfin représenter son groupe à l'étranger, y conquérir de nouveaux marchés. À y regarder de près, dans chacune des responsabilités qui doivent être celles d'un chef d'entreprise ou d'un actionnaire, l'État n'est jamais très loin… Influer sur les nominations de dirigeants, il a toujours adoré ! On ne compte plus les

© Groupe Eyrolles

amis du pouvoir en place à la tête de belles entreprises. Quant au pantouflage – cette méthode par laquelle de hauts fonctionnaires passent dans le privé –, il existe depuis la nuit des temps. Intervenir dans la stratégie et dans le Meccano industriel, il s'en délecte de plus en plus. Le sauvetage d'Alstom ou la fusion entre GDF et Suez en sont certainement les illustrations les plus flagrantes ces dernières années. Se poser en intermédiaire des négociations sociales, voilà un nouveau rôle qu'il aime s'attribuer. Au-delà des traditionnelles négociations tripartites (État-entreprises-organisations syndicales), les syndicats se font de plus en plus visiteurs du soir à l'Élysée, où le conseiller social Raymond Soubie, expert unanimement reconnu, reçoit les confidences et sonde les intentions des patrons et des syndicats en matière sociale. Et enfin, l'État s'emploie consciencieusement à faciliter les signatures de grands contrats. Les déplacements officiels à l'étranger du président de la République, du Premier ministre ou du ministre de l'Économie comptent quasiment toujours des chefs d'entreprise dans la délégation.

Quant aux situations d'urgence, comme la crise que le monde vient de traverser, elles légitiment davantage l'interventionnisme des gouvernements. Jouer au pompier – voire au super-héros –, ça ne leur déplaît pas ! Quitte à aller plus loin que ce qu'ils seraient en droit de faire.

Bref, assistons-nous depuis quelques années à un retour de l'État providence et de l'économie dirigée, et à la fin de la toute-puissante pensée libérale ? Oui, a-t-on envie de dire… Mais la réponse est plus complexe : elle ne tient qu'aux circonstances actuelles, lesquelles vont évoluer. Ce qui s'est passé lors des dernières décennies nous le confirme : autant que l'idéologie, ce sont les événements qui influent sur les comportements. Un banquier, judicieusement, me confie : « La crise était financière, il était donc facile de dire que les banquiers l'avaient créée, et encore plus facile de leur faire courber l'échine ; mais les enjeux en France vont maintenant se déplacer, vers les dépenses publiques et la dette. La pression sur les entreprises va retomber. »

De tout temps, le monde politique et les entreprises ont entretenu un rapport ambigu, qui trouve aujourd'hui son apothéose avec la crise qui, ces deux dernières années, a touché tous les pays du monde, incitant les gouvernements à intervenir. Encouragé par les turbulences financières, Nicolas Sarkozy a ainsi orchestré le retour de la puissance publique chez nous, les autres l'ont fait chez eux. Qu'elle est loin, la devise de Ronald Reagan : « L'État n'est pas la solution, il est le problème. » Pour comprendre cette relation bien particulière, il faut remonter le temps. Jusqu'à la veille de la Seconde Guerre mondiale, le principe d'un libéralisme économique conforme aux théories d'Adam Smith (1723-1790), véritable père du modèle anglo-saxon[1]

---

1. Adam Smith est l'auteur de la célèbre formule sur « la main invisible du marché ».

© Groupe Eyrolles

(une régulation par le marché et une intervention de l'État aussi limitée que possible), avait fait son chemin. Le libre-échange, la liberté d'entreprise, de travail, étaient roi ! Mais pas pour longtemps…

Chapitre 1

Un peu d'histoire

La linéarité n'existe pas dans les rapports de force qu'entretiennent l'État et les entreprises...

Bien au contraire, ce sont des cycles alternant interventionnisme marqué et libéralisme qui définissent l'histoire économique de la France – un pays où l'État a pourtant toujours été très présent. L'histoire et les événements sociaux, tout comme la personnalité des dirigeants politiques, ont de tout temps tenu un rôle dans le rapport entre l'État et le marché. Depuis la Première Guerre mondiale, le « pouvoir » a été alternativement dans les mains des politiques et dans celles des entreprises. Et ce mouvement de balancier a, à travers les décennies, contribué à cette méfiance teintée de mépris que les deux mondes entretiennent parfois l'un envers l'autre.

La rupture avec le libéralisme du XIXᵉ siècle (1936)

Les années trente marquent un point de rupture. Aux États-Unis, c'est sur un programme interventionniste, le New Deal, que le président Franklin Roosevelt est élu en 1932, après la Grande Dépression. Dans un pays de

tradition non interventionniste, cette réponse donnée à
la crise de 1929 est une première. Réforme des marchés
financiers, soutien des couches les plus pauvres de la
population et programmes de grands travaux marquèrent
la période. En URSS, la doctrine marxiste débouche sur
le Gosplan, une hypercentralisation par l'État de toutes
les décisions économiques, y compris les plus minimes.

En France, c'est le véritable âge d'or des nationalisations.
Avec l'arrivée du Front populaire, l'État veut – par
idéologie – mettre la main sur les entreprises. Nationalisation d'industries d'armement (août 1936) et des Chemins de fer (création de la SCNF, été 1937),
participation étatique dans les industries aéronautiques,
contrôle renforcé sur la Banque de France. Tout y
passera ! La résistance patronale ne permettra toutefois
pas au Front populaire d'appliquer la totalité du programme qu'il avait annoncé…

À la Libération, le rôle de l'État ne va pas se réduire. Au
contraire. « Après 1945, la France n'adopte pas seulement la panoplie des politiques keynésiennes[1], elle se
dote d'un État développeur et d'institutions assurant à
l'État la direction de l'économie. Ces politiques et ces
institutions ont contribué à la forte croissance des Trente
Glorieuses[2] », écrit l'économiste Élie Cohen.

---

1. John Maynard Keynes (1883-1946) partait du postulat que les mar-
    chés financiers ne savent pas s'équilibrer seuls et que l'intervention
    des politiques de l'État est nécessaire.
2. Élie Cohen, « L'État régulateur », *Alternatives économiques*, mars 2004.

© Groupe Eyrolles

Nationalisation d'une entreprise

On parle de « nationalisation » lorsque l'État prend le contrôle direct d'une entreprise. La nationalisation est en fait un transfert de la propriété d'une entreprise à la collectivité, contre une indemnisation des actionnaires, afin de servir des objectifs d'intérêt général. Elle peut porter sur la totalité du capital de l'entreprise, ou seulement sur une partie, qui doit cependant être supérieure à 50 % du capital.

Les nationalisations d'entreprises en France ont eu plusieurs visées : l'intérêt national, la confiscation, le soutien financier aux entreprises en difficulté ou ayant besoin de capitaux pour se développer, l'accroissement du patrimoine public ou encore la prise en main de secteurs stratégiques. Pour l'anecdote, la première nationalisation « économique » eut lieu en France en 1908. L'État vint au secours de la Compagnie ferroviaire de l'Ouest, en difficulté financière. En 1835, les frères Pereire avaient créé une ligne de chemin de fer entre Paris et Saint-Germain-en-Laye. Rien ne marcha comme prévu : c'est l'État qui procéda au rachat du réseau au travers de la Compagnie des Chemins de fer de l'État.

Dans son programme, le Conseil national de la Résistance prévoit « le retour à la nation de tous les grands moyens de production monopolisés, fruits du travail commun, des sources d'énergie, des richesses du sous-sol, des compagnies d'assurances et des grandes banques ».

Dans le discours qu'il prononce le 12 septembre 1944, au palais de Chaillot, le général de Gaulle proclame : « Pour résumer les principes que la France entend placer désormais à la base de son activité nationale, nous dirons que tout en assurant à tous le maximum possible de liberté, et tout en favorisant en toute matière l'esprit d'entreprise, elle veut faire en sorte que l'intérêt particulier soit toujours contraint de céder à l'intérêt général, que les grandes sources de la richesse commune soient exploitées et dirigées non point pour le profit de quelques-uns, mais pour l'avantage de tous... » Il ajoute qu'il est du domaine du gouvernement, « comme la loi lui en donne, d'ailleurs, dès à présent le droit, de placer par réquisition ou par séquestre à la disposition directe de l'État l'activité de certains grands services publics ou de certaines entreprises, en attendant que la souveraineté nationale règle les modalités des choses[1] ». Le 1er octobre, à Lille, il répète : « Pour cette économie dirigée, pour cette mise en valeur en commun de toutes les ressources du pays, il y a des conditions à remplir, dont la première est évidemment que la collectivité, c'est-à-dire l'État, prenne la direction des grandes sources de la richesse commune et qu'il contrôle certaines des autres activités, sans bien entendu exclure aucunement les grands leviers que sont, dans l'activité des hommes, l'initiative et le juste profit. » Les choses sont claires : les entreprises n'ont qu'à bien se tenir ! Cet interventionnisme très prononcé va marquer la droite française.

Ce sont ceux que l'on appelle les « profiteurs de guerre » qui sont les premiers sur lesquels l'État met la main. Les nationalisations prennent alors une dimension politique, se traduisant comme une sanction à l'égard des patrons

---

1.   Extraits du site Internet de la Fondation Charles de Gaulle.

et des entreprises jugés trop engagés dans la collaboration avec l'ennemi. C'est ainsi que, le 4 octobre 1944, un arrêté du ministre des Finances et du ministre de la Production met « sous séquestre » les biens de la Société des usines Renault et que le Conseil des ministres décide un mois plus tard leur confiscation, la société ayant travaillé pour le compte de la Wehrmacht lors de la Seconde Guerre mondiale. Renault est transformée en régie nationale en janvier 1945. Un des deux frères Renault, Louis, qui entretient également des liens étroits avec le régime de Vichy, est même inculpé en 1944 pour sa collaboration avec l'Allemagne – il mourra la même année, un mois après son incarcération.

Entre 1944 et 1948, l'influence directe de l'État se traduit par trois vagues de nationalisations et le lancement, par de Gaulle, des grands programmes de souveraineté. Par ordonnance, les houillères sont nationalisées. Puis, par une série de lois, les transports aériens (juin 1945), la Banque de France et les quatre plus grandes banques françaises (2 décembre 1945). Suivront, après le départ du général de Gaulle, le gaz et l'électricité (8 avril 1946) et les onze plus importantes compagnies d'assurances (25 avril 1946). En 1948, quelques entreprises seront de nouveau concernées. Ces nationalisations traduisent alors un besoin de redressement économique du pays. Et même si les entreprises étaient à l'époque moins incarnées par leur patron qu'elles ne le sont aujourd'hui, c'était aussi le symbole des hommes publics – ceux en qui les Français avaient alors une relative confiance – reprenant la main sur les hommes du milieu capitaliste.

Entre-temps, le Commissariat général du Plan est créé, le 3 janvier 1946. Jean Monnet, directement rattaché au chef du gouvernement, en assure la première direction. L'institution est alors chargée de définir la planification économique du pays. Le Plan participe en fait à la réflexion sur la politique économique que doit mener le gouvernement et cherche à orienter les investissements dans les secteurs prioritaires pour la croissance. Prévisions, analyses, actions : ce que le Plan dit, on le fait ! Henri Guaino, aujourd'hui un des principaux collaborateurs du président de la République, fut commissaire au Plan de 1995 à 1998. Ce qui n'est pas étranger au fait que cet influent conseiller élyséen ait aujourd'hui des tendances interventionnistes. Sur le plan politique, Guaino est dans la ligne gaulliste historique.

Acteur moins engagé qu'il ne l'était au lendemain de la Seconde Guerre mondiale, l'État joue encore un rôle primordial dans l'économie des années soixante. Notamment par l'intermédiaire du Plan de modernisation, dont la méthode est très centralisatrice. Celui-ci est qualifié par le général de Gaulle d'« ardente obligation » et par le commissaire général Pierre Massé de « réducteur d'incertitudes ».

Mais finalement, à partir du milieu des années cinquante et jusqu'en 1981, le secteur nationalisé change peu. En revanche, l'État accroît ses participations minoritaires dans un nombre important d'entreprises au cours de cette période. Son influence y est d'autant plus présente que ce sont des entreprises où il nomme les dirigeants – souvent

© Groupe Eyrolles

des hauts fonctionnaires. En avril 1967, le rapport Nora dénonce la centralisation économique de l'État et conseille de « restituer aux entreprises publiques une mission conforme à leur nature d'entreprise [...] et une autonomie qui leur est indispensable pour s'acquitter de cette mission ». D'autant qu'en Europe, les choses évoluent. En 1957, le traité de Rome est signé, créant un marché commun et supprimant les barrières douanières entre les pays membres. L'heure est à une nécessaire adaptation.

La revanche des entreprises (1969)

Mai 1968, c'est bien entendu la libéralisation des mœurs. Mais, élément moins connu, c'est aussi la libéralisation des entreprises. De la même façon que les jeunes souhaitent afficher leur liberté sexuelle, les entreprises prennent leur indépendance par rapport à l'État. La mondialisation s'accélère et les entreprises commencent à exporter. Georges Pompidou a subi ce mouvement plus qu'il ne l'a souhaité ; mais il ne freinera pas cette émancipation, car il veut moderniser la France et poursuivre le développement de l'économie. L'État desserre le contrôle des changes et met en place des dispositifs pour faciliter les investissements étrangers.

Cette libéralisation n'empêche pas la mise en place des fameux « grands programmes », notamment aéronautiques et nucléaires, dont on se gargarise encore aujourd'hui avec un brin de nostalgie. Il s'agit alors de développer le territoire national et de soutenir les entreprises françaises

pour qu'elles puissent faire face à la concurrence internationale et être compétitives. En 1969, l'État investit plus
de 2 milliards d'euros pour le lancement de la première
ligne de TGV (au côté d'Alsthom et de la SNCF). C'est au
début des années soixante-dix que le soutien de l'État (*via*
des avances remboursables) va commencer à positionner
Airbus comme un véritable concurrent de Boeing. En
1973, il lance le programme de nucléaire civil (avec Areva
et EDF), et Ariane. En 1978, c'est le tour du Minitel (avec
France Telecom).

C'est aussi durant cette période que l'État va inciter les
entreprises à se regrouper pour faire face à la concurrence étrangère. C'est l'ouverture de l'Europe à la
Grande-Bretagne, le marché commun se développe et la
concurrence s'accroît. La France, qui perd une partie de
ses prérogatives au profit de l'Europe, sait qu'elle ne
pourra pas s'en sortir sans des champions nationaux
(dans la sidérurgie, l'automobile…).

Mais surtout, l'État – Pompidou puis Giscard – doit
gérer les contrecoups du choc pétrolier de 1973. De
1974 à 1984, la sidérurgie européenne traverse la pire
dépression qu'elle ait connue depuis 1929, en raison
d'une baisse de la consommation d'acier et de l'arrivée
de nouveaux concurrents au niveau international.
L'acier s'écroule. La trésorerie d'Usinor et Sacilor
(groupe Wendel) se dégrade. En 1978, le gouvernement
vient à leur secours en reprenant en garantie les dettes de
leurs créanciers obligataires. L'emploi des ouvriers est
remis en cause : la crise de la sidérurgie va conduire au

© Groupe Eyrolles

grand retour de l'État. Car les Français ont toujours souhaité intervention et protection de sa part. Finalement, le retour de la puissance publique arrive sous Giscard, alors qu'il était sans doute intellectuellement le plus libéral des présidents de la République. Une fois élu, François Mitterrand n'a que validé idéologiquement un processus que les événements avaient déjà partiellement enclenché...

Pendant ce temps, en dehors de nos frontières, Margaret Thatcher est élue à la tête du Royaume-Uni en 1979. Les grandes entreprises britanniques sont privatisées. Aux États-Unis, Ronald Reagan arrive au pouvoir en 1980. C'est le triomphe de Milton Friedman[1] sur Keynes.

La reprise en main du capitalisme (1981)

François Mitterrand veut que l'État reprenne la main sur le capital. Et tant pis s'il est à contretemps par rapport au reste du monde ! « C'est l'heure de la revanche pour beaucoup de personnages en exil de la République [...] En ce printemps, l'élite des affaires ne se porte pas bien. Inquiète, elle assiste aux dernières heures de sa gloire. Dans quelques mois, à cause des nationalisations, ses éminents membres risqueront d'être poussés vers la porte, comme des condamnés à mort qu'on emmène au peloton d'exécution[2]. »

---

1. Milton Friedman (1912-2006) est un économiste américain, ardent défenseur du libéralisme.
2. Nazanine Ravaï, *La République des vanités*, Grasset, 1997.

Et, de fait, rares seront les patrons qui conserveront leur fauteuil. Une nouvelle génération de patrons en profitera d'ailleurs pour s'y installer. Le plan de nationalisation qui accompagne l'élection de Mitterrand coûtera 39 milliards de francs à l'État. La loi devient effective en février 1982 et touche de nombreux secteurs : industrie (Thomson, Saint-Gobain-Pont-à-Mousson, Rhône-Poulenc, Pechiney-Ugine-Kuhlmann, Sacilor, Usinor) ou finance (Paribas, Suez, CIC, Crédit du Nord, Crédit commercial de France, Banque Rothschild, Banque Worms, Banque La Hénin…). Désireux de ne pas se froisser totalement avec les secteurs stratégiques que sont l'aéronautique et la défense, l'État se contentera de prises de participations pour avoir un contrôle partagé des sociétés Matra et Avions Marcel Dassault. Quant à Jean-Luc Lagardère et Dassault, si l'État a envisagé de les remplacer, cela n'a duré qu'une demi-seconde !

« Cette période fait partie des ruses de l'histoire. Les nationalisations étaient absurdes, mais les entreprises industrielles étaient dans un tel état que cela a permis de sauver certaines d'entre elles », remarque l'essayiste Alain Minc. La critique, à l'époque, clamait surtout que c'était la nationalisation des pertes et la privatisation des profits.

Le secteur public français représente, à cette date, environ un tiers des emplois et 25 % du chiffre d'affaires de l'industrie nationale. Les entreprises nationalisées n'ont qu'une ligne de conduite à respecter : mettre en œuvre la politique dictée par le pouvoir en place. Elles sont alors obligées de négocier un contrat de plan avec leur ministère de tutelle et le Trésor.

Une fois de plus, les événements vont venir contrarier les orientations politiques. La crise financière que traverse la France va obliger l'État à subir une cure de libéralisme, avant même l'arrivée de Jacques Chirac à Matignon. En 1983, l'État abandonne le keynésianisme et se met à regarder de plus près les expériences libérales américaines et britanniques. Comme l'écrit Élie Cohen, « à partir de 1984, soit deux ans à peine après une nationalisation quasi intégrale du système financier, le capitalisme français va être soumis au double choc de la déréglementation importée et de la politique d'innovation financière voulue par Pierre Bérégovoy[1] » — et surtout par les deux têtes pensantes du moment, Jean-Charles Naouri (directeur de cabinet au ministère des Finances) et Jacques Attali (conseiller spécial à l'Élysée). L'État va ainsi favoriser l'expansion des marchés, faciliter le financement des entreprises et même atténuer la réglementation du contrat de travail.

Il faut dire aussi que la situation commerciale et budgétaire ne laisse plus une grande marge de manœuvre. La période est à la rigueur, l'État ne peut plus tout financer lui-même. Le gouvernement de Laurent Fabius laissera même Creusot-Loire, pourtant un des fleurons de l'industrie française, faire faillite. L'histoire traumatise la France, mais symbolise l'acclimatation progressive de la

---

1. Élie Cohen, *op. cit.*

gauche à la logique d'entreprise et de compétitivité. Elle découvre alors les charmes du capitalisme. C'est la grande époque de Bernard Arnault et François Pinault, c'est le lancement de Canal+, les grandes manœuvres autour de Suez ou encore le sauvetage de Paribas. Dans les dîners en ville, on ose parler d'OPA et de bataille boursière… Bernard Tapie commence à faire parler de lui ; même si on est encore loin d'imaginer qu'il deviendra plus tard ministre de François Mitterrand !

Paradoxe de l'histoire : c'est sous un gouvernement socialiste qu'a eu lieu la libération de l'économie. Enseignement de l'histoire : c'est le principe de réalité qui, une nouvelle fois, prit le pas sur l'idéologie.

Le retour du libéralisme triomphant (1986)

La droite est de retour aux affaires, avec le succès qu'elle remporte aux élections législatives du 16 mars 1986. Elle est alors bien décidée à « détricoter » ce qui a été fait par la gauche pour prendre le contrôle de certaines entreprises. Elle lui reproche d'avoir fait des choix industriels et financiers douteux. Le gouvernement dirigé par Jacques Chirac ne fera, en fait, que poursuivre une politique qui se situe dans la droite ligne de celle conduite par les socialistes après 1983. Pendant la période de cohabitation, la France connaît une véritable vague de privatisations d'entreprises publiques. C'est même la première fois en France qu'un gouvernement pratique des « dénationalisations ». Retombent alors dans le giron du

© Groupe Eyrolles

privé la Compagnie générale d'électricité (qui deviendra Alcatel-Alsthom, puis Alcatel en 1998), la Société Générale, le Crédit commercial de France, TF1, Matra, Havas, Paribas, Saint-Gobain, ou encore la Mutuelle générale française. La privatisation de Suez, à l'époque compagnie financière, introduit une grande première : une publicité apparaît sur les écrans de télévision des Français, dans laquelle Catherine Deneuve les incite à acheter des actions de la société.

Privatisation d'une entreprise

Une privatisation est la vente ou la cession par l'État à des investisseurs privés de l'ensemble ou d'une partie d'une entreprise publique. L'État peut faire le choix de rester actionnaire de l'entreprise pour garder un contrôle partiel. Les privatisations ont plusieurs visées : réduire l'interventionnisme de l'État, ouvrir un secteur à la concurrence, ou encore apporter des recettes à l'État lors de la cession.

À cette période, le gouvernement n'a pas d'autre choix que de relancer les privatisations s'il veut que les entreprises s'adaptent de façon plus réactive à l'environnement international et concurrentiel. D'une part parce que la politique européenne, très contraignante sur les questions de concurrence et de limitation des aides publiques, l'empêche de jouer le rôle classique d'un actionnaire. Et d'autre part parce qu'il n'a plus les moyens de financer lui-même le développement des entreprises publiques. C'est à cette période que la libération des prix est achevée, le contrôle des changes supprimé, la libéralisation financière amplifiée, les contraintes administratives allégées. Le Plan n'a, déjà, quasiment plus aucun rôle : les politiques industrielles sont quasiment à l'agonie. Mais c'est aussi à cette période que la France interdit les abus de position dominante et l'entente sur les prix.

Le krach boursier de 1987 met toutefois un terme à cette politique de privatisation. Du fait de la cohabitation et en perspective de l'élection présidentielle de 1988, Jacques Chirac et son ministre d'État Édouard Balladur ne bougent plus, pour éviter tout risque de s'aliéner les petits épargnants.

La réélection de François Mitterrand en 1988 donne naissance à la politique du « ni-ni » : ni nationalisation ni privatisation. Cette règle restera valable jusqu'en 1993. L'État y fera toutefois une sérieuse entorse en 1991, en permettant à ses entreprises d'ouvrir leur capital à hauteur de 49,9 %. Seront concernés le Crédit local de France, Elf-Aquitaine, Total et Rhône-Poulenc. Les Français, qui constatent que le monde s'est rallié à l'économie de marché, cessent de voir l'État comme un « sauveur ». D'autant que la France plonge alors dans une profonde récession, qui durera jusqu'en 1993.

La victoire de la coalition de droite RPR-UDF aux élections législatives de 1993 va participer à la poursuite du retrait de l'État. Le gouvernement Balladur lance un nouveau programme de privatisation concernant 21 entreprises nationalisées. Plus d'un million d'emplois seraient alors repassés dans le privé.

© Groupe Eyrolles

L'arrivée d'un gouvernement de « gauche plurielle », dirigé par Lionel Jospin après la dissolution de l'Assemblée nationale en 1997, ne remet étonnamment pas en cause la philosophie libérale qui tendait à prendre le pas dans le pays. Le nouveau gouvernement poursuit le processus de privatisations (France Telecom, CIC, GAN, Aerospatiale-Matra, puis EADS, Air France, le Crédit Lyonnais...) et encourage même les concentrations : fusion Renault et Nissan en 1997, Rhône-Poulenc et Hoeschst en 1998, Elf et Total, Carrefour et Promodès, BNP et Paribas en 1999.

Il faut dire que, dans une situation où la croissance économique est forte et où la demande de protection est faible, pourquoi nationaliser ? Autant désendetter l'État grâce à des recettes de privatisation. La situation des finances publiques françaises est, à cette période, loin d'être satisfaisante. Le déficit budgétaire explose, entraînant avec lui la dette, qui passe alors de 589 milliards de francs en 1980 à 4 727 milliards de francs en 1997. En gros, elle a été multipliée par huit.

En 2002, la droite reprend les manettes du pouvoir. Mais l'éclatement de la « bulle Internet » ainsi que la résistance des employés du secteur public (EDF-GDF, par exemple) ne permettront pas au gouvernement de Jean-Pierre Raffarin de continuer les privatisations. Elles ne reprendront que les années suivantes, avec la vente de la majorité du capital de France Telecom, la réduction à 15 % des parts dans celui de Renault, l'ouverture du capital de Gaz de France, de la

SNECMA, les procédures d'ouverture pour EDF, la privatisation des sociétés d'autoroute, etc.

C'est exactement à cette période que la libéralisation des économies atteint son paroxysme, sous la pression de ce que l'on commence à appeler la « globalisation ». Le lien entre l'entreprise et la nation se dissout. Les grandes entreprises sont devenues des multinationales sans liens avec leurs origines géographiques ; leurs attaches nationales sont mises en cause. C'est d'ailleurs ce qui a conduit une partie de l'opinion publique à voir ces groupes d'un mauvais œil. Ayant enfourché le cheval de la mondialisation, ils sont traités d'« apatrides » et l'opinion publique ne leur accorde plus de légitimité. C'est un élément essentiel pour comprendre les réactions à la fois des opinions publiques et des politiques de ces dernières années. C'est ce qui a conduit la montée des nationalismes, symbolisée en France par le « patriotisme économique » cher à Dominique de Villepin, ainsi que par les sommets altermondialistes, comme celui de Porto Alegre, qui rejette la globalisation.

C'est aussi ce qui a expliqué la rapidité de la reprise en main par l'État ces dernières années. Non seulement il s'estime légitime, mais le terrain est propice : tout le monde est alors d'accord pour pointer du doigt les entreprises comme responsables de tous les maux.

Chapitre 2

Quand économie et politique se disputent le pouvoir

Selon la théorie de l'équilibre des marchés, l'économie fonctionne de façon optimale quand l'État n'intervient pas. Elle aboutit spontanément à ce que les économistes nomment l'« équilibre de Pareto », c'est-à-dire une situation dans laquelle on ne peut plus augmenter la satisfaction d'un individu sans abaisser celle d'un autre. Problème : la réalité est éloignée de la théorie. En pratique, nos démocraties refusent les inégalités que peut générer une situation où les marchés sont libres. En outre, l'allocation par le marché ne prend pas en compte certains objectifs de la politique comme l'indépendance énergétique, l'autosuffisance alimentaire ou la protection de l'environnement. Ainsi, le hiatus entre marché et État existe par nature. Et il s'exacerbe quand s'ajoutent les considérations humaines, politiques et idéologiques.

Début 2001, Ernest-Antoine Seillière, alors président du MEDEF, estimait qu'« il y a en France trop de politique, trop d'État, trop de réglementations, trop de prélèvements ». À la même période, le Premier ministre Lionel

Jospin pensait exactement le contraire ! En fait, économie et politique continuent de se disputer le pouvoir. Le monde politique et le monde des entreprises fonctionnent selon un savant mélange de méfiance et de compromis. D'un côté, les chefs d'entreprise influencent directement l'emploi et la croissance à travers le choix des investissements, de l'autre les responsables politiques sont aux commandes de la politique économique du pays (les lois, la fiscalité…). Bref, pouvoir politique et pouvoir économique s'opposent – et ne se comprennent pas toujours – tout en ne pouvant se passer l'un de l'autre. La situation est parfois schizophrénique, d'autant que les deux mondes entretiennent aussi une relation quasi incestueuse : une partie de notre élite s'est « acharnée à perpétuer le capitalisme d'avant 1981. Celui qui liait l'État à l'entreprise dans un système de dépendance réciproque, mêlant, jusqu'à la confusion la plus fatale, intérêt général et intérêt particulier. Cette élite-là a ainsi dépensé beaucoup de temps et une quantité impressionnante d'énergie, dans le souci d'exister et de briller, en mettant un point d'honneur à n'être qu'une doublure mimétique du pouvoir politique. Issue de la caste administrative, elle ne peut concevoir le pouvoir sans la proximité de ses emblèmes d'État[1] ».

Les entreprises veulent leur indépendance…

Pour des raisons de respect strict de concurrence et de compétition internationale, les entreprises ont théori-

---

1.   Nazanine Ravaï, *op. cit.*

quement besoin de fonctionner de manière indépendante. Pour se développer, elles ont besoin de souplesse. Si elles veulent rester dans la compétition mondiale, elles ne peuvent se permettre de voir peser sur elles trop de contraintes. L'État, dont la logique n'est pas la même, a pour essence de leur en imposer.

Une entreprise aurait besoin de pouvoir licencier ou embaucher rapidement, en fonction des événements et des opportunités ; l'État impose des procédures qu'elle juge longues et encadrées, reflétant la pression des salariés. Une entreprise aurait besoin de ne pas être trop taxée – rappelons que les prélèvements obligatoires français sont parmi les plus élevés des pays développés – pour être plus compétitive ; l'État prélève sur ses bénéfices et sa valeur ajoutée pour avoir les moyens de financer la protection sociale réclamée par ses électeurs. Une entreprise aurait besoin d'installer une usine dans un pays à bas coût de main-d'œuvre pour gagner en productivité et développer sa recherche ; l'État hurle au scandale des délocalisations.

Bien sûr, on peut penser que l'État a raison. N'est-il pas légitime de vouloir protéger ses zones d'industrie et d'emploi ? Mais n'est-il pas également légitime pour une entreprise de vouloir optimiser son efficacité pour se développer dans un marché où les droits de douane ont considérablement baissé et où la compétition internationale fait rage ? Parce qu'en face d'elle, les produits vendus par ses concurrents sur le même marché ne subissent pas nécessairement les mêmes contraintes…

Comment les entreprises manifestent-elles leur indépendance ? Leur représentant, le MEDEF, a régulièrement un bon mot pour rappeler que les entreprises évoluent dans un contexte international et qu'elles ne peuvent occulter cette réalité. « Face à une concurrence internationale libre, on ne veut pas que les critères nationaux imposent des charges excessives », déclarent en chœur les patrons français. De leur point de vue, il existe un véritable risque économique à pointer du doigt les pays qui font du dumping social − c'est-à-dire qui jouent sur la concurrence entre les travailleurs, notamment par des différences de rémunération et de réglementation du travail (en premier lieu, les pays d'Europe de l'Est et ceux du Sud qui, même si les choses ont évolué ces dernières années, conservent des coûts de main-d'œuvre nettement moins élevés que chez nous et un droit social plus souple). En effet, la théorie du commerce international démontre que l'échange est mutuellement profitable en termes de richesses. Chez « nous » parce que cela permet de continuer à produire des biens et des services que les consommateurs de ces pays nous achèteront − même si les conséquences sur l'emploi font l'objet de vastes débats − et chez « eux » parce qu'ils y gagnent en activité et en pouvoir d'achat. Selon le prix Nobel d'économie 2008 Paul Krugman[1], l'idée que la croissance des inégalités serait liée à une concurrence déloyale des pays à bas salaires relève de la « théorie populaire du commerce

---

1. Paul Krugman, *La mondialisation n'est pas coupable*, La Découverte Poche, 2000.

© Groupe Eyrolles

international ». Il explique que l'intérêt des politiques à développer ces théories n'est qu'électoral et que si le chômage des travailleurs peu qualifiés augmente, c'est essentiellement en raison du progrès technique.

Ce que les entreprises rappellent donc régulièrement, c'est qu'il n'y a rien de pire que le repli sur soi. Pour conquérir le marché chinois, il faut qu'Airbus aille installer une chaîne de production en Chine. « Si l'État français l'avait interdit, on n'aurait pas vendu d'Airbus aux Chinois », explique un professionnel du secteur. Dans la même veine, on ne vendra pas d'avions ou de machines-outils en Asie en bloquant l'importation des produits électroniques asiatiques en Europe.

Une entreprise cherche aussi à avoir le choix pour profiter des environnements les plus porteurs. Prenons le secteur pharmaceutique comme exemple. Le coût de recherche et développement le plus souvent cité est de 800 millions de dollars par médicament. Des sommes qui permettent de justifier qu'une entreprise veuille développer sa recherche là où c'est le moins cher. Un laboratoire américain pourra ainsi avoir une équipe de recherche en Inde, même s'il faut ensuite faire homologuer le produit par les autorités sanitaires américaines et européennes. La gestion des compétences technologiques n'est pas forcément nationale.

Enfin, l'indépendance des entreprises se manifeste aussi sur le sol national ; et provoque parfois des incompréhensions avec l'État. Au moment de l'éclatement de la bulle immobilière et financière, fin 2007, les entreprises ont été particulièrement réactives. En d'autres termes, il ne leur faudra que quelques semaines avant d'entamer un déstockage massif et de mettre en place des plans d'ajustement des effectifs. Cette attitude n'a pas été bien comprise par les gouvernements – en France, on a mis plusieurs mois avant de reconnaître qu'il n'y aurait pas la croissance que l'on attendait –, ce qui a parfois crispé les relations.

... tout en sachant que l'État a un vrai rôle

Les entreprises, par nature, cherchent à s'émanciper. Mais nombreux sont les cas où elles savent que l'État joue un véritable rôle, et où elles en ont besoin. C'est un « je t'aime, moi non plus » permanent...

L'État joue d'abord un rôle de régulation, notamment comme gardien de la concurrence. Il joue aussi le rôle d'intermédiaire lorsqu'il s'agit de mettre en œuvre des stratégies qui font converger intérêts publics et privés. Il intervient ensuite pour protéger son patrimoine ; pour soutenir la concrétisation de grands contrats à l'étranger. Un vrai VRP ! Et enfin, il peut arriver qu'il doive pallier une défaillance de marché.

Régulateur

Aujourd'hui, alors que l'État a rompu avec le dirigisme qui a été la marque de l'État providence pendant les Trente Glorieuses, il reste le régulateur du marché. L'État

© Groupe Eyrolles

régulateur est l'une des dimensions de l'État dans la théorie économique néo-classique qui domine à l'échelle internationale : il encadre et organise le fonctionnement des marchés, en vue d'en corriger les « déficiences ».

Son rôle principal en tant que régulateur consiste à s'assurer du bon respect de la concurrence : les ententes sont proscrites, l'information au consommateur doit être de bonne qualité, afin que la compétition débouche sur une baisse des prix sans que cela soit au détriment de la qualité. Ces compétences ne sont pas exclusivement nationales. Dans la mesure où la plupart des marchés sont intégrés au niveau européen, la Commission de Bruxelles joue un rôle de surveillance, comme le fait l'OMC au niveau des relations commerciales entre les États.

Certains secteurs sont encore soumis à une régulation spécifique (la banque, la finance, l'assurance, l'énergie, la publicité, la presse, les télécommunications, les transports). L'État fixe non seulement le niveau du SMIC, mais aussi les prix de l'électricité, du gaz ou des péages d'autoroutes. Il régule les tarifs des aéroports et les prix des médicaments. Il est alors arbitre du jeu économique, censé se limiter à poser des règles aux opérateurs. Il délègue ces responsabilités à des autorités de régulation (l'Autorité de régulation des communications électroniques et des Postes – ARCEP –, la Commission de régulation de l'énergie, l'Autorité de régulation professionnelle de la publicité, le CSA…). Le contrôle des établissements financiers est, lui, confié à la Commission bancaire.

Rectificateur d'une défaillance de marché

L'État est légitime à intervenir quand il y a une défaillance du marché. Il permet d'éviter les faillites et les conséquences que celles-ci pourraient avoir pour la population.

Outre la dernière crise financière sur laquelle nous reviendrons un peu plus loin, le sauvetage d'Alstom est à cet égard un bon exemple du rôle de substitution de l'État quand le marché ne joue plus son rôle. En 2003, Alstom est au bord du dépôt de bilan : sa situation financière est insupportable, sa performance opérationnelle est insuffisante et son marché s'effondre. Alors qu'il perd de l'argent, Alstom ne peut plus rembourser une dette de 5 milliards d'euros, représentant cinq fois ses fonds propres. Plus personne (clients, banquiers, fournisseurs, salariés) ne fait confiance à cette entreprise industrielle plus que centenaire, présente surtout dans l'électricité, le nucléaire et le ferroviaire. Pour que les banques sortent de leur attitude de défiance, il faut un « catalyseur », explique alors Patrick Kron. Le PDG d'Alstom doit bien alors accepter que l'État est le seul à pouvoir jouer ce rôle - lui qui n'avait encore jamais eu besoin de l'État et qui raconte en souriant qu'il s'est perdu la première fois qu'il s'est rendu au ministère de l'Économie pour en parler avec Francis Mer. « La réaction normale d'un chef d'entreprise quand il a des difficultés n'est pas d'aller à Bercy ! » insiste Patrick Kron. L'État interviendra donc par une entrée au capital de l'entreprise, par des prêts et des cautions ; au nom de « l'intérêt de la France », justifie le ministre des

Finances. Lequel ne tenait pas particulièrement à ce qu'Alstom soit en partie repris par l'allemand Siemens…

Le successeur de Francis Mer à Bercy, Nicolas Sarkozy, et Patrick Kron iront main dans la main batailler à Bruxelles pour convaincre la Commission européenne que le schéma retenu alliant aides publiques et contre-parties (partenariats industriels et cessions d'actifs) lui permet de rester dans les clous des règles européennes. « Ce n'était pas de la philanthropie : les prêts étaient octroyés à des conditions de taux normales et l'État a pris 21 % du capital pour 800 millions, qu'il a revendus dix-huit mois plus tard pour 2 milliards[1] », rappelle Patrick Kron. Mais cela a permis à l'entreprise de géné-rer 3 milliards de fonds propres par des augmentations de capital, de s'entendre avec les banquiers sur le refinance-ment de sa dette, sur la mise à disposition de lignes de trésorerie et de cautions de bonne fin à l'export. En d'autres termes, de sauver l'entreprise d'une faillite cer-taine. Ce dossier est un de ceux dont l'actuel chef de l'État est le plus fier et dont il se plaît à rappeler le succès. C'est pourtant tout sauf un exemple généralisable. L'intervention directe et provisoire de l'État dans une entreprise 100 % privée a, dans ce cas précis, permis de rassurer les clients. Mais à chaque problème sa solu-tion… Celle-ci n'est notamment pas duplicable dans le cas d'une crise économique.

---

1. Intervention de Patrick Kron devant Les Amis de l'École de Paris du management, 7 décembre 2007.

« Un certain nombre d'entreprises n'existeraient pas sans l'État », rappelle-t-on quand même à la Caisse des dépôts et consignations (CDC), le banquier public de la France, « investisseur institutionnel de long terme » comme il se décrit. Le fonds souverain à la française – le Fonds stratégique d'investissement (FSI) – créé fin 2008, avec des apports de la CDC et des titres de l'État, investit dans des entreprises pour contrebalancer les effets de la crise et de la raréfaction du crédit. Doté de 20 milliards d'euros, il investit pour permettre le développement, mais aussi pour stabiliser l'actionnariat d'une entreprise qui pourrait être la proie de « prédateurs ».

Représentant de commerce

Chacun se souvient de Jacques Chirac serrant la main d'un chef d'État africain ou d'un ministre chinois après la signature de contrats pour des entreprises françaises. Aujourd'hui plus que jamais, les déplacements à l'étranger du président de la République – mais aussi du ministre de l'Économie ou du Premier ministre – comptent plusieurs chefs d'entreprise dans la délégation officielle. Objectif : engranger des contrats. L'effet d'annonce est évidemment recherché, le travail ayant été plus que largement effectué par les équipes en amont. Mais ça marche. Quelques exemples : en avril 2008, alors que Nicolas Sarkozy effectue une visite en Tunisie sur le thème de l'Union pour la Méditerranée, il annonce qu'Alstom récupère le marché de la construction d'une centrale thermique à Ghannouch, dans le sud du pays,

© Groupe Eyrolles

pour un montant de 360 millions d'euros. La compagnie nationale Tunisair confirmera le même jour une commande d'appareils à Airbus. En déplacement au Caire en juin 2009, la secrétaire d'État au Commerce extérieur Anne-Marie Idrac assiste à la signature des contrats d'attribution de la deuxième phase d'une ligne de métro du Caire à six entreprises françaises (Alstom, Bouygues, Colas Rail, Eurovia, Thales et Vinci), pour un montant total de 420 millions d'euros. Six mois plus tôt, le Premier ministre François Fillon avait déjà signé un accord financier entre les deux pays pour ce projet. Bref, pour ses entreprises, l'État est prêt à se transformer en véritable représentant de commerce !

« On est aussi souvent obligé d'intervenir diplomatiquement », indique la ministre de l'Économie depuis 2007, Christine Lagarde. « Pour une entreprise comme Total, qui a des concessions dans de multiples pays, l'État a surtout un rôle de facilitateur. Mais quand le gouvernement vénézuélien prend le contrôle des cimenteries du pays en les nationalisant, et que Lafarge en fait partie, les discussions sont plus compliquées. » « Des relations diplomatiques favorables entre deux pays créent un contexte qui permet le développement des affaires. Dans certains cas, l'État va bien au-delà : dans les transports, par exemple, il est obligé d'intervenir, car le transport urbain ne se finance jamais avec les tickets des usagers, il y a toujours un financement public », confirme le patron d'Alstom, Patrick Kron.

Garant de l'intérêt général

Les services publics ont longtemps été considérés comme l'empreinte de l'État pour garantir l'intérêt général. Avant que l'on ne se rende compte qu'ils étaient indissociables du marché. L'État, dans son rôle de garant de l'intérêt général, intervient aussi dans la mise en œuvre d'une stratégie collective susceptible de faire converger les intérêts publics et privés. Exemple : le montage de la fusion entre le gazier public GDF et le groupe privé Suez. L'idée stratégique était la suivante : créer un groupe français énergétique intégré capable de fournir la meilleure offre d'énergie et de services en France et dans le monde.

C'était un projet politiquement compliqué, mais auquel plusieurs gouvernements ont travaillé. De fait, le mariage s'est joué en plusieurs actes. En 2005, GDF ouvre son capital. À l'automne, les patrons des deux entreprises, Jean-François Cirelli et Gérard Mestrallet, commencent à parler fiançailles. La préparation du mariage va s'accélérer début 2006 : l'italien Enel − soutenu par Veolia − s'intéresse de très près au français Suez. Or, la France n'a pas franchement envie de laisser un de ses fleurons industriels passer sous la coupe italienne. On se souvient alors de l'annonce dans la cour de Matignon, par le Premier ministre Dominique de Villepin, du rapprochement entre le gazier public et la compagnie du canal, pour la fin de l'année. C'était sans compter sur la décision du Conseil constitutionnel, stipulant que le mariage ne peut pas avoir lieu avant l'ouverture totale des marchés énergétiques français à la concurrence... le 1ᵉʳ juillet 2007, après l'élection présidentielle !

En 2007, après l'élection présidentielle, les nouvelles équipes reprennent le dossier. François Fillon pense qu'il faut poursuivre le rapprochement de Suez et GDF, dont le schéma est bien avancé. Henri Guaino, le très écouté conseiller du président, plaide de son côté pour une fusion entre EDF et GDF. Une solution qui pose de vrais problèmes de concurrence. Fin juin, à Bruxelles, le président de la Commission européenne José Manuel Barroso et sa commissaire à la concurrence Nelly Kroes informent le Premier ministre que le schéma GDF-EDF n'est pas impossible... à condition de céder 30 % du parc nucléaire français ! *Exit* l'option de fusionner l'électricien et le gazier tricolores.

De son côté, Nicolas Sarkozy gère en direct la complexité de la situation avec le financier Albert Frère, l'actionnaire belge de Suez. Fin juillet 2007, lors d'un dîner à la Lanterne (la résidence de week-end du couple présidentiel), entouré de ses collaborateurs, il prend la décision ferme de mener à bien la fusion GDF-Suez. Ainsi que celle de séparer une partie de l'activité de la filière environnement de Suez pour se recentrer sur l'énergie. Mais surtout, ce soir-là, le président confirme à ses interlocuteurs que l'État gardera la main sur cette future entreprise : il ne descendra pas en dessous de 35 % du capital. Toujours à la Lanterne, quelques jours plus tard, c'est ce schéma que le président de la République présente à Gérard Mestrallet. Et c'est bien le président qui le présente à l'industriel, et non l'industriel qui le présente au président ! À Bercy, on bataillera aussi, quelques semaines plus tard, pour imposer la parité de la fusion, le nom du nouvel ensemble, le choix des banquiers... On ne sait pas encore, à cette époque, que la justice va repousser le mariage, estimant que GDF n'a pas fourni suffisamment d'informations aux syndicats. Mais elle arrivera au bout, cette affaire « qui a tenu le monde politico-économique européen en haleine durant près de deux ans, qui est entrée dans les annales parlementaires françaises avec 137 449 amendements, qui a généré des milliards d'euros d'échanges boursiers, des dizaines de millions d'euros d'honoraires de bureau d'avocats et de banques d'affaires, qui a déterminé le futur de plus de 200 000 travailleurs sur cinq continents[1] ». Une affaire révélatrice d'un « capitalisme empreint de considérations politiciennes, mâtiné de raison d'État. Un capitalisme à la française marqué par l'hégémonie d'un microcosme aux confins des cabinets et des conseils d'administration[2] ».

Au final, l'État a imposé ses vues et Suez est resté sous contrôle français. Le deuxième actionnaire de l'ensemble devient Albert Frère. Et GDF-Suez le troisième groupe d'énergie mondial.

---

1. Joan Condijts et Feryel Gadhoum, *GDF-Suez : le dossier secret de la fusion*, Michalon, 2008.
2. *Ibid.*

© Groupe Eyrolles

Gestionnaire de son patrimoine

Les Parisiens qui se promènent dans le 7ᵉ arrondissement n'ont qu'à lever la tête pour avoir une idée du patrimoine immobilier détenu par l'État. De ministères en hôtels particuliers abritant des musées, en passant par l'École normale supérieure, on peut percevoir le poids de l'État par sa présence dans certains quartiers. Quelque chose qui n'existe ni à Berlin ni à Londres. Mais le patrimoine de l'État, c'est aussi ce que l'on ne voit pas, c'est-à-dire des participations dans les entreprises. Et comme tout investisseur, l'État doit gérer son patrimoine. C'est par exemple ce qu'il fait en recapitalisant Renault en 1985, pour éviter sa disparition ; ou quand il vient en soutien à Air France, qui aurait aussi pu disparaître sous la pression de la concurrence de British Airways ou de Lufthansa.

Plus récemment, il a dû s'atteler au cas de France Telecom, dont il est, en 2002, le principal actionnaire. À cette époque, l'entreprise vient de faire des choix hasardeux. Deux font figure d'échecs : les investissements dans le câblo-opérateur britannique NTL et surtout dans l'opérateur allemand Mobilcom. Du coup, la société est obligée de faire des provisions exceptionnelles[1] au premier semestre 2002 et ses fonds propres tombent dans le rouge. Un endettement considérable s'ajoute à ce déficit de fonds propres. « La dette nette du groupe atteint presque 70 milliards d'euros fin juin 2002. Ce chiffre colossal

---

1. C'est-à-dire qu'elle doit prendre en compte le montant du risque.

a été atteint en raison du mode de financement des investissements du groupe. Alors que d'autres opérateurs européens procédaient, pour leur croissance externe, par échange de papier, France Telecom a dû se financer par l'endettement, notamment du fait que l'État – le précédent gouvernement – n'a pas toléré la dilution de sa participation au capital de l'opérateur[1]. » Le groupe paiera aussi très cher les licences UMTS. « L'introduction en Bourse d'Orange à des prix bradés en février 2001 et les cessions d'actifs dont la valeur s'est effondrée n'ont pas permis de réduire la dette qui a, au contraire, enflé pour focaliser finalement l'attention des marchés et des agences de notation. La conjonction de fonds propres nuls, d'une telle dette et d'une note très dégradée par les agences de notation a précipité la crise de septembre 2002[2]. »

Conséquence de tout cela : Michel Bon doit démissionner et Bercy doit mettre sur pied un gigantesque plan de recapitalisation afin de remettre l'opérateur à flot et d'équilibrer son bilan. L'État a ainsi participé en 2003 au renforcement des fonds propres de France Telecom, à hauteur de sa part dans le capital (56,4 %), soit un investissement public de 9 milliards d'euros sur une augmentation en capital s'établissant au total à 15 milliards. Il a fallu naviguer entre les impératifs de Bruxelles – la France avait alors plaidé le comportement responsable d'actionnaire – et les réalités budgétaires. « N'importe

---

1. Projet de loi de finances pour 2003.
2. *Ibid.*

© Groupe Eyrolles

quel actionnaire normalement constitué aurait fait la même chose », remarque François Pérol, collaborateur du ministre de l'Économie Francis Mer au moment des faits.

Mais la relation entre l'État et les entreprises est loin d'être unilatérale. Il serait naïf de penser que l'État français est un acteur se situant au-dessus des autres, édictant ses règles et les faisant respecter. La vérité, c'est que les entreprises savent parfaitement jouer avec l'État, dans leur propre intérêt. D'où les pratiques ancestrales qui consistent pour un patron à faire une apparition régulière dans le bureau du directeur de cabinet du ministre des Finances, du secrétaire général adjoint de l'Élysée, souvent chargé des questions économiques, quand ce n'est pas dans le bureau du Premier ministre ou du président de la République en personne. Dans son dernier ouvrage[1], l'ancien locataire de Matignon Édouard Balladur raconte que « les chefs d'entreprise ont leurs habitudes avec le pouvoir politique dont ils se plaignent régulièrement, mais qu'ils utilisent sans retenue… Le colbertisme bien plus que le libéralisme est leur religion, autant que celles des fonctionnaires avec lesquels ils entretiennent une relation étroite, fondée sur une conception souvent commune de l'intérêt général comme de leurs intérêts respectifs ». Cette relation « a

---

1. Édouard Balladur, *Le pouvoir ne se partage pas. Conversations avec François Mitterrand*, Fayard, 2009.

toujours existé », confirme un dirigeant d'entreprise du CAC 40 depuis près de vingt ans.

Pourquoi ? Question de bonnes relations, d'abord. Il n'est jamais bon de ne pas être dans les petits papiers du pouvoir ; on ne sait jamais de quoi demain sera fait ! De lobbying ensuite. L'ancien PDG de France Telecom, Didier Lombard, a par exemple usé tous les fauteuils d'antichambres ministérielles pour qu'on ne l'oblige pas à mettre quatre fibres optiques (dont trois seront utilisées ultérieurement par ses concurrents) dans les câbles d'accès téléphoniques des immeubles. Celui de GDF-Suez, Jean-François Cirelli, a tout fait – en vain – pour convaincre le gouvernement d'appliquer la taxe carbone à l'électricité. Michel-Édouard Leclerc, lui, a tenté de dissuader les conseillers ministériels de s'engager dans la voie d'une régulation des tarifs du lait. Des exemples comme ceux-là, il y en a par centaines...

Les entreprises en contact permanent avec les pouvoirs publics sont, il est vrai, celles qui appartiennent à des secteurs régulés. « Celles-ci passent leur vie dans les couloirs », confie-t-on au sommet de l'État. Il faut dire que, pour elles, les enjeux sont importants et se montrer persuasif est, de leur point de vue, nécessaire. Pour EDF, qui voit ses prix révisés plusieurs fois par an, une année ne se présente pas sous les mêmes auspices selon que l'État décide d'augmenter ou de baisser ses tarifs.

Les banquiers d'affaires, eux, sont là pour expliquer leurs dernières idées géniales sur le Meccano industriel. Pour eux, il s'agit non seulement de tester les idées auprès des pouvoirs publics, mais aussi de convaincre que leur scénario est le bon, l'État ayant de nombreux moyens de s'opposer à une opération – notamment quand il est actionnaire. On ne compte plus les montages qui se sont ainsi réalisés à l'Élysée ou à Bercy (EADS, Thales, Natixis...).

La plupart des entreprises informent aussi l'État de leurs intentions dès que sont en jeu d'importants plans sociaux ou restructurations. « Les entreprises ne lancent pas ce genre d'opérations sans prévenir les pouvoirs publics ; c'est une sorte de courtoisie républicaine », indique le conseiller social de l'Élysée, Raymond Soubie. Lequel souligne qu'il leur arrive aussi de demander conseil à l'État « pour éviter les risques d'agitation sociale ». En évitant que ce dernier n'apprenne ces choses-là par la presse, les entreprises se préservent aussi des petites phrases assassines du politique.

Le public a souvent l'impression d'un « capitalisme sauvage ». Sans voir à quel point le capitalisme français n'est pas simplement une concurrence entre des entreprises, mais un jeu à plusieurs parties, où le rôle de l'État est central. Loin, en tout cas, de se limiter à celui d'arbitre ! On est vraiment très loin de la théorie de la concurrence pure et parfaite que les étudiants en économie apprennent à l'université.

Les ambiguïtés de l'État actionnaire

À l'origine, l'État a acquis ses entreprises pour des motifs plus idéologiques qu'économiques. Et pendant long-temps, il n'a pas pu être un actionnaire comme les autres. Non seulement la gestion des entreprises publi-ques était soumise à des règles contraignantes – qui devaient en outre répondre à des impératifs politiques –, mais elle se devait de protéger le patrimoine français. « L'État est plus gestionnaire que stratège », écrivent les sénateurs dans un rapport de 1994[1]. L'État, une « cau-tion puissante, mais un investisseur suspect » aux yeux de l'étranger et qui, en outre, est « perpétuellement soup-çonné d'interventionnisme ». Gouvernance montrée du doigt, prise de décisions opaque ; coincé dans son cos-tume de « puissance publique », l'État, pendant des décennies, n'a pas été un actionnaire exemplaire.

Dix ans plus tard, en 2004, « l'État exerce vis-à-vis des entreprises publiques des responsabilités multiples et potentiellement conflictuelles : il est leur actionnaire et parfois leur client, il réglemente et régule leur secteur d'activité, il peut leur déléguer par contrat des missions de service public. Alors que les entreprises publiques évoluent dans un univers très largement ouvert à la concurrence, il est devenu indispensable de bien distin-guer ces missions et de mieux identifier, au sein de

---

1. Rapport d'information n° 591, de Jean Arthuis, Claude Belot et Philippe Marini, réalisé au nom de la Commission des finances, déposé le 6 juillet 1994.

© Groupe Eyrolles

l'État, le métier d'actionnaire ». Cette petite phrase ne vient pas d'un détracteur du système. Non, on la trouve sur le site Internet du ministère du Budget pour expliquer la naissance de l'Agence des participations de l'État (APE) début 2004. Cette entité d'une petite quarantaine de personnes a été créée par Bercy afin que le rôle d'actionnaire de l'État soit assumé de façon responsable et transparente. Elle est chargée de veiller à la stratégie des entreprises dans lesquelles l'État a une participation : leurs principaux programmes d'investissements et de financements, leurs projets d'acquisitions et de cessions, mais aussi leurs évolutions capitalistiques.

À la veille de sa création, René Barbier de La Serre, ancien banquier et figure de la place financière, avait enfoncé le clou dans un rapport pointant le « mauvais fonctionnement des conseils d'administration », le « manque d'orientations claires données aux dirigeants », « l'identification insuffisante de sa fonction d'actionnaire », « la confusion des rôles remplis par l'État à l'égard des entreprises » et… « la présence excessive de l'État dans la gestion quotidienne de l'entreprise ».

Depuis, les choses se sont améliorées, dit-on aussi bien du côté de l'État que des entreprises concernées. « De plus en plus, on essaie d'être un actionnaire comme un autre », explique un fonctionnaire du ministère de l'Économie. Un signe révélateur : les investisseurs anglo-saxons sont aujourd'hui présents au capital d'entreprises dans lesquelles l'État a des participations. « Inconcevable il y a encore dix ans », note un ancien ministre. « Même si certains aspects du fonctionnement français ne les mettent pas franchement en confiance ! » Les fonds d'investissement américains ont par exemple du mal à comprendre que l'État puisse bloquer une opération stratégique.

Mais il y a certains comportements que l'État actionnaire assume : donner fermement son avis sur le montant de ses provisions pour risques, insister pour qu'un dossier important passe en conseil d'administration, refuser certains investissements, hurler parce que des projets sont présentés à l'Agence au dernier moment... « Nous devons être proches de nos entreprises, mais ne pas les gérer à leur place », résume Bruno Bézard, patron de l'APE.

Ces dernières années, l'État s'est justement attaché à montrer que les groupes publics étaient bien gérés. Qu'on est désormais loin de l'époque qui avait conduit au désastre du Crédit Lyonnais. La rentabilité globale de ce que Bercy appelle un « ensemble combiné » – qui regroupe les 51 principales entreprises dans lesquelles l'État a une participation – a progressé en 2007 : le résultat net progresse de plus de 700 millions d'euros sur un an, pour atteindre 13,9 milliards, avec une marge de 12,9 %. Bercy en veut aussi pour preuve la nouvelle augmentation des dividendes versés à l'État en 2008 au titre de l'exercice 2007. En clair, les entreprises ont restitué à leur actionnaire 5,6 milliards d'euros, contre 4,8 milliards l'année précédente et 2,9 milliards en 2006, selon le rapport 2008 de l'Agence des participations de l'État. La SNCF et La Poste

© Groupe Eyrolles

ont même versé « pour la première fois » en 2008 des dividendes à leur actionnaire. « C'est quelque chose qui aurait été impensable il y a quelques années. Aujourd'hui, c'est parfaitement intégré dans le paysage. Une grande entreprise publique peut à la fois exercer parfaitement ses missions de service public et dégager du bénéfice. Et comme les entreprises publiques appartiennent aux Français, elles ont le devoir d'être bien gérées. N'oublions pas non plus que les dividendes perçus, c'est aussi moins d'impôts pour les Français ! » souligne Bruno Bézard.

Reste que « certaines situations sont encore compliquées », comme le confie un haut fonctionnaire encore en place, parlant toujours de cette « triple casquette d'actionnaire, client et régulateur » que l'État doit endosser. Dans un secteur emblématique comme la défense, où l'État a des participations dans de multiples sociétés, faire le moindre pas dans le sens d'une entreprise, c'est souvent aller contre une autre. L'État se retrouve alors pris en étau. Et il n'y a pas que dans ce secteur que la situation de l'État actionnaire est paradoxale. Prenons l'exemple d'EDF. Cette entreprise le place dans un conflit d'intérêts difficile à résoudre. L'État y est actionnaire à 85 %. Jusqu'à début 2010, c'était lui – sur les recommandations de la Commission de régulation de l'énergie, pour être tout à fait exact – qui fixait les tarifs de l'électricité, dont la vente est la principale source de revenus de l'entreprise. Les choses ont un peu évolué depuis, pour donner moins de poids au politique. Mais l'État reste écartelé entre son comportement d'actionnaire qui doit pousser la société à être rentable, et le besoin de protéger le pouvoir d'achat des Français. Ces deux dernières années, le cours de l'action n'a cessé de chuter, principalement en raison des annonces de blocage des hausses de tarifs de la part de l'État. Hausses pourtant réclamées à cor et à cri par la direction d'EDF… laquelle est bien consciente qu'elle n'a pas suffisamment investi ces dernières années – et qu'il va falloir maintenant mettre le paquet sur le nucléaire –, que la progression de sa dette n'est pas tenable ou encore qu'elle ne pourra pas continuer à faire des acquisitions par opération de croissance externe.

Quand l'État devient chasseur de têtes et tente de gérer des ressources humaines

L'État actionnaire, c'est aussi l'État qui nomme les dirigeants et se mue parfois en véritable directeur des ressources humaines. Comme une entreprise, il fait appel à des conseils extérieurs. Quelques personnages du microcosme parisien en ont fait leur spécialité. Mais il reste aussi certains cas où l'État s'empêtre dans les procédures de nomination. Avec des méthodes parfois surprenantes. Outre la situation ubuesque de la double casquette d'Henri Proglio – l'État a accepté qu'il reste à son poste de président du conseil de surveillance de Veolia alors qu'il le nommait en novembre 2009 patron d'EDF –, quelques autres exemples en témoignent.

Le premier, c'est la récente nomination du patron de Thales. Depuis son arrivée, Nicolas Sarkozy suit de très près les questions de défense et d'aéronautique. Fin 2008, l'État cherche un repreneur pour les parts qu'Alcatel-Lucent détient à ses côtés dans Thales. Dassault et EADS sont sur les rangs. L'Élysée ne veut pas entendre parler de l'offre du groupe franco-allemand. Au bout de plusieurs mois, c'est donc l'avionneur familial qui déboursera 1,6 milliard d'euros. Reste à régler les questions d'hommes. Non seulement Charles Edelstenne (patron de Dassault Aviation) ne veut pas garder Denis Ranque (chez Thales depuis vingt-cinq ans et à sa tête depuis onze ans) à son poste ; mais il compte aussi choisir l'homme qui tiendra les rênes. Son choix se porte sur l'un de ses propres hommes de confiance, François Quentin. Dans le groupe Thales, on penche pour un certain Alexandre de Juniac, alors directeur international.

Mais l'État entend bien que son point de vue soit pris en compte. En avril 2009 commencent d'interminables réunions sur le sujet. Pendant un mois, jusqu'à l'aboutissement du dossier, le secrétaire général adjoint de l'Élysée Xavier Musca, le directeur adjoint du cabinet du Premier ministre Antoine Gosset-Grainville et le directeur de cabinet de la ministre de l'Économie Stéphane Richard y consacreront bien deux heures par jour. Il faut dire que le temps presse : ils ont une obligation de résultat avant le 19 mai 2009, date de l'assemblée générale de Thales au cours de laquelle doivent être choisis les nouveaux administrateurs. Mi-avril, le choix de l'État pour diriger Thales se porte sur le PDG de Nexter (ex-Giat) Luc Vigneron. Un choix qui, à vrai dire, convient à tout le monde. Le 13 mai, le gouvernement demande formellement à Thales d'examiner la candidature de Luc Vigneron pour succéder à son actuel dirigeant Denis Ranque. Dès le lendemain, le « comité de sélection du conseil d'administration » du groupe se réunit. Seulement voilà, ses membres sont divisés. Quelques têtes brûlées – des représentants de l'État qui soutiennent encore Denis Ranque, pour être claire – veulent montrer que le gouvernement n'a pas à leur dicter leur comportement. Les dizaines de coups de fil passés à chacun d'eux par les différents collaborateurs ministériels n'y changeront rien. Et le jour où le comité doit se prononcer, seuls deux des six représentants – celui d'Alcatel-Lucent et celui de l'Agence des participations de l'État – se prononcent en faveur de Luc Vigneron. À cinq jours de l'assemblée générale, le comité ne rend donc pas d'avis sur la candidature de Luc Vigneron…

Quand l'État perd la main, il devient fébrile. À son sommet, on panique. Il est 19 heures. La presse a eu vent de ce contretemps ; un quotidien économique s'apprête même à en faire sa une du lendemain. Pour sauver un dossier qu'il estime mis en danger, l'entourage du Premier ministre n'hésite pas à mettre la pression sur la presse. « Si la communication était partie en vrille, on aurait été obligé de faire passer en force l'arrivée de Vigneron lors de l'assemblée générale. Trop risqué ! » admet un conseiller de François Fillon. Dans la foulée, les services du Premier ministre envoient un communiqué

© Groupe Eyrolles

aux rédactions indiquant que « la candidature de M.Vigneron sera proposée pour les fonctions de président-directeur général du groupe Thales le 19 mai prochain, à l'issue de l'assemblée générale ». En se prononçant ainsi officiellement, Matignon veut faire l'économie d'un coup de force qui se traduirait par la révocation de tous les administrateurs par l'État et Alcatel-Lucent, qui contrôlent la majorité des votes. L'État prend soin au passage de « se débarrasser » d'un de ses représentants récalcitrants. La veille du conseil d'administration, Marcel Roulet est remplacé.

Tout se passera finalement sans embûches. Une fois l'affaire bouclée, le ministère de l'Économie mettra une dernière fois les choses au clair : « Dassault n'a pas pris le contrôle de Thales. Le nouveau patron de Thales n'est pas un homme de Dassault et l'État a bien l'intention d'assumer et d'assurer son rôle de premier actionnaire de cette entreprise », dont il détient 27 %, se sent obligé de préciser à l'Agence France-Presse (AFP) un ponte du ministère de l'Économie. Ce qu'il dit moins, c'est que l'affaire s'est réglée dans une ambiance de psychodrame ! Quant au rôle de l'État, chacun se fera son propre jugement à la lecture de cette affaire. Lui répond sobrement qu'il a « rétabli son autorité ».

Et quand il n'arrive pas à le faire, il contourne le problème… Anne Lauvergeon, la patronne d'Areva, résiste depuis des années à la tête de cette entreprise spécialisée dans le nucléaire, alors que le gouvernement trouve sans cesse des choses à lui reprocher. Et pourtant, l'État est l'actionnaire principal de la société ; il pourrait changer l'occupant du fauteuil quand il veut. « Les gens qui s'estiment propriétaires de leur poste, c'est insupportable ! » tempête même un haut fonctionnaire. Mais voilà, l'État essaie, autant qu'il le peut, d'éviter les esclandres. Lorsque Nicolas Sarkozy a été élu président de la République, il a personnellement proposé à celle qui est surnommée « Atomic Anne » d'entrer au gouvernement. Elle a décliné. La faire partir de force de cette entreprise dont elle tient les rênes plutôt correctement, ce serait lui donner une bonne raison de se poser comme victime ; celle dont le président de la République veut se venger. Une polémique que, dans les couloirs du pouvoir, on estime inutile. Alors qu'à cela ne tienne ! Puisque Anne Lauvergeon veut rester, elle sera canalisée… Mi-2009, Jean-Cyril Spinetta, l'ancien patron d'Air France, est nommé président du conseil de surveillance de l'entreprise – une idée soufflée par Alain Minc.

Et puis il y a eu « l'affaire Pérol ». Qu'ont pensé les Français le jour où François Pérol, un des plus proches collaborateurs du président de la République (en charge des questions économiques et financières), a été nommé à la tête du nouvel ensemble bancaire né de la fusion des Caisses d'Épargne et des Banques Populaires, en remplacement de Charles Milhaud et Philippe Dupont ? Sûrement que l'État a parfois des méthodes de nomination singulières… Le pantouflage a toujours existé, ils le savent. Mais ce qu'ils voient à l'époque, c'est qu'on nomme « le secrétaire général adjoint de l'Élysée, ancien

© Groupe Eyrolles

banquier de Rothschild entre 2005 et 2007, qui aura dans ce dossier été à la fois la voix de l'État – les réunions avec les deux groupes dans son bureau ont été quasi hebdomadaires –, le banquier d'affaires et, *in fine*, le dirigeant[1] ». Et ils ne peuvent que constater que l'Élysée, estimant que la jurisprudence lui est favorable, ne saisit pas la Commission de déontologie, qui doit pourtant se prononcer lors du passage d'un haut fonctionnaire vers le secteur privé. Certes, cette procédure n'est pas obligatoire. Mais la polémique est inévitable… En avril 2009, le parquet ouvre une enquête préliminaire pour prise illégale d'intérêt sur les conditions de la nomination de François Pérol. En septembre, il classe l'affaire.

---

1. Bertille Bayart, « Écureuil-Banques Populaires : l'État s'impose », *Le Figaro*, 23 février 2009.

Chapitre 3

La crise financière et l'État Superman

La crise actuelle est la plus violente depuis celle des années trente. Du coup, dans les bagages de la crise financière, le retour de l'État a été extrêmement spectaculaire. Le récit un peu détaillé de l'année qui a suivi la faillite de Lehman Brothers[1] le 15 septembre 2008 montre comment les États ont été obligés de s'impliquer. Pas seulement en France, mais dans la plupart des grands pays développés, tous touchés par la crise.

Quand l'urgence légitime que l'État décide de tout : récit de quelques mois pas ordinaires

Acte 1 – L'État sauve les banques

La crise financière, puis économique, que le monde traverse depuis plus de deux ans, n'a pas simplifié les relations entre État et entreprises. Elle a exacerbé les rapports de force qui existaient déjà et conduit les gouvernements à prendre la main. « À circonstances exceptionnelles

---

1. Lehman Brothers était l'une des plus grandes banques d'investissement américaines, jusqu'à sa faillite le 15 septembre 2008.

méthodes exceptionnelles ! » aimait alors à répéter François Pérol, collaborateur du président de la République. Et de fait, les méthodes utilisées par l'État pendant cette crise sont quasiment inédites. Jamais des secteurs entiers n'avaient à ce point appelé au secours, et jamais l'État ne s'était doté d'un tel arsenal pour leur venir en aide, à hauteur de plusieurs dizaines de milliards d'euros. Jusqu'alors, les opérations de sauvetage auxquelles l'État s'était livré étaient restées ponctuelles (France Telecom, Alstom…), dans des situations spécifiques à chacune.

La crise, on s'en souvient, commence aux États-Unis en 2007. La période houleuse que le monde traverse depuis près de trois ans maintenant trouve son origine dans les *subprimes*, ces crédits accordés aux ménages les plus modestes – et les moins solvables – pour leur permettre d'accéder à la propriété immobilière. Les défauts sur ces crédits ont, pendant plusieurs mois, atteint des sommets. Les créances douteuses, par le biais de ce qu'on appelle la « titrisation[1] », se sont retrouvées dans les portefeuilles de la plupart des établissements financiers aux quatre coins du monde. L'immobilier est entré en crise et les banques ont commencé à ne plus se faire confiance entre elles. La période d'octobre 2007 à avril 2008, alors que la France préside l'Union européenne, est marquée par la volonté de réguler les marchés financiers. Après la crise des *subprimes*, le monde n'a qu'une idée en tête, ou du moins

---

1. La titrisation est une technique financière qui consiste pour une banque à céder ses créances à des investisseurs.

© Groupe Eyrolles

tente-t-il de le faire croire : moraliser le capitalisme. Il ne sait pas encore que le pire reste à venir.

Septembre 2008. Les rumeurs les plus inquiétantes courent sur les marchés à propos de la santé des banques et de leur capacité à résister à une contraction des liquidités. En clair, si les banques ne se prêtent plus entre elles, elles peuvent rapidement finir asphyxiées. On commence à murmurer avec insistance le nom de Lehman Brothers comme n'étant pas loin de l'étouffement. Un cataclysme potentiel pour le monde de la finance ! Dans toutes les capitales du monde, on a vent dès le week-end du 13 septembre que la situation de Lehman est plus que périlleuse. Les banquiers français, notamment, sont sollicités par la banque centrale américaine, la Réserve fédérale. Le directeur du Trésor, Xavier Musca, lance l'alerte.

Le dimanche 14, ce qui n'était la veille encore qu'une rumeur se confirme : dès le lendemain, lundi 15 septembre 2008, les Américains vont laisser trépasser une des plus grosses banques du pays. La machine s'emballe. Pas un des patrons des réseaux bancaires français ne sera en ligne moins d'une demi-douzaine de fois avec les pouvoirs publics. Leur crainte : que la France laisse tomber l'un d'entre eux. Car la méfiance entre banques a contaminé l'Europe, chacun se regardant en chiens de faïence pour tenter d'évaluer l'autre et, ne prêtant plus, paralysant le marché interbancaire[1]. « Pendant la semaine

---

1. Le marché interbancaire est le marché sur lequel les professionnels du monde de la finance empruntent ou prêtent à court terme.

qui a suivi, on a cru tous les jours qu'une banque française allait y passer », se souvient un protagoniste qui,
avec le recul, parle de « journées de folie ». Une conférence téléphonique quotidienne est organisée entre
Christine Lagarde et les banquiers. Certains sont fébri-
les. Il faut dire que jamais avant cela ils n'avaient eu de
comptes à rendre quotidiennement à un ministre des
Finances !

Les ennuis de l'assureur américain AIG se greffent la
même semaine à l'actualité. Une nouvelle menace, que
le gouverneur de la Banque de France, Christian Noyer,
voit comme un potentiel « tsunami ». « À partir du
moment où le patron du Trésor américain, Henry Paul-
son, a confirmé aux marchés que le pays soutiendrait
l'assureur, la situation s'est stabilisée. Il était temps ; on
commençait à avoir des échos sur des ouvertures inhabi-
tuelles de coffres dans les établissements bancaires. Le
danger, c'était qu'on assiste à des retraits massifs et à un
scénario à la Northern Rock, quand les Britanniques
faisaient la queue sur les trottoirs pour retirer leur argent
des agences », raconte un conseiller à Bercy.

Parallèlement, à Paris, les réunions avec les banquiers
français se poursuivent à l'Élysée. Les séances de travail
sont, selon les dires d'un participant, « très tendues »,
dirigées par le président de la République en personne,
face à des banquiers pas très fiers. Le président tient un
discours très violent sur leur irresponsabilité, n'hésitant
pas à donner de la voix pour bien se faire comprendre de
son auditoire. « L'arrogance des banquiers l'énerve »,

© Groupe Eyrolles

souligne un proche du chef de l'État. « L'ambiance était électrique, parce que nous, banquiers, nous tenions aussi à faire entendre notre version des choses », raconte l'un d'eux.

Le 25 septembre, lors de son discours de Toulon, Nicolas Sarkozy s'engage devant les Français. « Je n'accepterai pas qu'un seul déposant perde un seul euro parce qu'un établissement financier se révélerait dans l'incapacité de faire face à ses engagements. C'est un engagement solennel que je prends ce soir : quoi qu'il arrive, l'État garantira la sécurité et la continuité du système bancaire et financier français. Je le dis avec la même détermination : si les difficultés actuelles devaient entraîner une restriction du crédit qui priverait les Français et les entreprises, en particulier les PME, des moyens de financer leurs investissements ou d'assurer leur trésorerie, l'État interviendrait pour que ces financements puissent être assurés. Il le ferait par des cautions, par des garanties, par des apports en capital ou par une modification de la réglementation bancaire, mais il le ferait pour éviter que, par un engrenage fatal, l'économie privée de financements s'enfonce durablement dans la récession. »

Aussitôt dit, la crise atteint l'Europe ! Les Belges sont les premiers à devoir jouer les pompiers. Dans les tout derniers jours de septembre, le 28 exactement, la banque Fortis est nationalisée en urgence par les gouvernements belge, néerlandais et luxembourgeois – elle sera ensuite partiellement reprise par BNP Paribas. Le lendemain, pour la banque Dexia, le président de la République n'a d'autre choix que d'appliquer les engagements qu'il a clamés haut et fort. Car les craintes sur la solvabilité du groupe sont confirmées. Son cours de Bourse chute de 30 %, Standard & Poor's abaisse sa notation et on assiste à des retraits de dépôts au Luxembourg et en Belgique. Une recapitalisation est urgente pour éviter la faillite. Les gouvernements français, belge et luxembourgeois sont obligés de prendre les manettes.

Les réunions d'urgence se multiplient. Décision est prise d'envoyer le soir même le patron de la Caisse des dépôts et consignations s'occuper du problème sur place – l'État n'est présent dans Dexia que *via* les 10 % que détient la CDC. Augustin de Romanet saute dans un train pour Bruxelles, flanqué d'une bonne partie de ses conseillers, dont le responsable du « Corporate finance » chez BNP Paribas Thierry Varenne, et du banquier d'affaires Philippe Villin. Le directeur adjoint du cabinet de Christine Lagarde en charge du secteur financier, Emmanuel Moulin, et le conseiller bancaire de la ministre, Franck Saudo, sont aussi du voyage. Tous savent qu'ils n'ont pas le droit à l'erreur : Dexia a besoin d'être recapitalisée à hauteur de 6 milliards d'euros, et si aucun accord n'est trouvé avec les Belges pour sauver le spécialiste du financement des collectivités locales avant le lendemain matin, les marchés peuvent prendre peur. Une réaction en chaîne ne serait alors pas exclue. Bref, une catastrophe.

Direction la salle de réunion du Premier ministre belge. Le moins que l'on puisse dire, c'est que les discussions entre Français et Belges sont tendues. D'abord parce que le Premier ministre belge, Yves Leterme, se montre extrêmement froissé de n'avoir en face de lui aucun ministre français ; Augustin de Romanet, il ne le connaît pas ! Ensuite parce qu'il tente de faire porter le plus gros du risque à la France. Le « marchandage » durera toute la nuit. D'autant plus difficile côté français qu'une « négociation dans la négociation » s'intercale sur le partage du risque entre la CDC et l'État. Le dossier trouvera son épilogue à l'Élysée, au petit matin. Une quinzaine de personnes – convoquées par le chef de l'État – sont autour de la table. Nicolas Sarkozy voudra entendre chacune d'elles sur une question très précise : faut-il laisser tomber Dexia ? Personne ne répondra par la négative. Reste alors à régler le sort d'Axel Miller, le patron de la banque. L'Élysée exige son départ. C'est un ancien collaborateur du président de la République, Pierre Mariani, alors en poste chez BNP Paribas, qui est choisi pour le remplacer. Le dossier est bouclé. À 7 heures du matin, un communiqué est diffusé dans toutes les rédactions : 3 milliards d'euros seront apportés par la France (1 milliard par l'État, 2 milliards par la CDC) et 3 autres par la Belgique, pour recapitaliser Dexia. Le Luxembourg, lui, apportera 400 millions d'euros à la filiale luxembourgeoise. Suite aux difficultés persistantes sur la situation de liquidités de Dexia, il faudra, dans un deuxième temps (dans la nuit du 8 au 9 octobre), négocier avec la Commission européenne les garanties sur la banque franco-belge… « Les nuits Dexia, je m'en souviendrai longtemps », sourit aujourd'hui Christine

Lagarde. Ses collaborateurs aussi. En s'engageant à hauteur de plusieurs milliards dans une banque en très mauvaise santé, « on a fait notre devoir », dit l'un d'eux. « Cette décision a été prise pour garantir la continuité du financement des collectivités locales françaises, dont Dexia Crédit local est le principal prêteur, ainsi que pour contribuer à la sécurité et à la stabilité des systèmes financiers français et européen », justifie de son côté l'Élysée. Mais certains y ont aussi vu un autre enjeu : Dexia, *via* le financement qu'elle apporte aux collectivités locales, fut en son temps un outil d'influence politique très important. Mais l'internationalisation de la banque lui avait permis de s'affranchir de la tutelle directe de l'État français, qui aurait vu dans cette crise le moyen de reprendre le contrôle…

Pour la France – comme pour la plupart des pays européens –, il est inenvisageable de prendre le risque qu'un « scénario à la Dexia » se reproduise. Paris sait aussi que les banques, pénalisées par un accès difficile au refinancement, vont réduire la voilure de leurs prêts à l'économie. Et le danger, c'est la transmission vers l'économie réelle. Moins de prêts aux entreprises, c'est moins d'investissements, donc un moteur de la croissance qui s'éteint. Moins de prêts aux ménages, c'est moins de consommation et un risque sur la demande en immobilier. Le 4 octobre, un minisommet de chefs d'État est organisé à Paris. Divisés sur les réponses à apporter à la crise, les quatre pays européens membres du G8 (France, Allemagne, Italie et Grande-Bretagne) décident quand

© Groupe Eyrolles

même d'agir de façon coordonnée pour protéger leurs banques en difficulté. Les banques n'ayant plus confiance entre elles ne se prêtaient plus ? La solution : c'est l'État qui va leur prêter. Le gouvernement réfléchira même, avant d'abandonner l'idée, à une nationalisation du crédit. Le problème doit, là aussi, être traité en urgence. Le week-end du 11 octobre est déterminant. Un Eurogroupe[1] se tient à l'Élysée, duquel ressort un plan autorisant les États à garantir les prêts interbancaires et à recapitaliser les banques pour tenter de calmer les marchés financiers. Il est prévu que l'Allemagne et la France le déclinent ensemble dès le lundi. Les Américains, de leur côté, ont déjà concocté un plan bancaire de plusieurs centaines de milliards de dollars…

Reste à formaliser tout ça. À Matignon, on a réuni les cabinets des ministres de l'Économie et du Budget, ainsi que les pontes du Trésor, pour rédiger une nouvelle loi de finances qui entérinera la création d'un guichet financier. Pas un conseiller, pas une secrétaire n'a fait défaut ce week-end-là : quand il y a urgence, la machine d'État sait se montrer infaillible. Le dimanche soir, le texte part au Conseil d'État. Le lundi matin, les banquiers se réveillent avec un arsenal à leur disposition. L'État devient le banquier du banquier !

---

1. L'Eurogroupe est un rendez-vous informel des ministres des Finances des pays de la zone euro pour coordonner leur politique économique. Il se tient théoriquement tous les mois.

Les dispositifs de garantie de l'État

La Société de financement de l'économie française (SFEF) fut créée pour procéder au refinancement des établissements bancaires français. Sa mission est de lever des fonds sur les marchés avec la garantie de l'État, pour octroyer aux banques des prêts d'une durée maximale de cinq ans afin de leur permettre de développer le crédit aux ménages et aux professionnels. La SFEF prête à un taux d'environ 4 %. Afin de bénéficier des prêts de la SFEF, les banques se sont engagées à respecter un objectif de croissance annuelle de leurs encours de crédit jusqu'à fin décembre 2009, compris entre 3 et 4 % selon les réseaux bancaires.

Créée à l'origine pour sauver Dexia, la Société des prises de participation de l'État (SPPE) a pour objectif d'apporter des fonds propres supplémentaires aux banques. Il s'agit principalement de prêts à long terme, assortis d'un taux d'intérêt proche de 8 %.

Pour ces deux dispositifs, la garantie de l'État a été autorisée dans la limite de 360 milliards d'euros par le vote de la loi de finances rectificative du 16 octobre 2008.

Un contrat est signé : en contrepartie du soutien de l'État, les banques doivent s'engager à continuer à irriguer l'économie par le crédit. Des objectifs chiffrés sont couchés noir sur blanc. Le dispositif du « médiateur du crédit », qui vise à débloquer les dossiers des entreprises qui s'estiment maltraitées par les banques, est mis en place.

Les banques se précipiteront pour tirer une première tranche de prêts : BNP Paribas (2,55 milliards d'euros), la Société Générale (1,7 milliard d'euros), les Banques Populaires (950 millions d'euros), le Crédit Agricole

© Groupe Eyrolles

(3 milliards d'euros), le Crédit Mutuel (1,2 milliard d'euros) et les Caisses d'Épargne (1,1 milliard d'euros). L'État a en fait souscrit des titres supersubordonnés (des obligations entraînant une rémunération perpétuelle) émis par les six principales banques françaises, représentant 0,5 point de fonds propres pour chaque établissement. Certains réseaux refuseront de tirer une deuxième tranche, qui leur est proposée avec insistance par le chef de l'État. C'est le cas du Crédit Agricole, qui souhaite ainsi marquer son indépendance et la force du soutien des caisses régionales à structure mutualiste, profondément enracinées dans la France agricole.

Le dimensionnement du plan français, « c'est l'État qui l'a décidé », dit-on au ministère de l'Économie : « On a évidemment écouté les banquiers, mais à la rigueur, on aurait fait la même chose sans… » « Rarement l'État se sera autant impliqué », relève François Pérol. Manière subtile de dire que rarement l'État aura à ce point été aux manettes dans le fonctionnement d'établissements privés. Alors que, curieusement, le rôle des banques centrales, établissements traditionnellement prêteurs en dernier ressort, a été très effacé.

Acte 2 – L'État sauve le secteur automobile

Le secteur financier, c'est une chose. Ce sont, ne l'oublions pas, les banques qui irriguent l'économie d'un pays. Mais quand tous les grands pays sont obligés de venir au secours de leurs constructeurs automobiles – les États-Unis ont quasiment nationalisé General Motors

(GM) et mis Chrysler sous perfusion, tandis que l'Allemagne a évité la faillite à Opel –, l'État prend une nouvelle dimension dans son rôle de sauveteur : il est celui
qui vient désormais en aide aux salariés. En France, la
filière automobile (constructeurs, sous-traitants, services
associés et tous les métiers ayant un lien avec le secteur)
représenterait près de 10 % de la population active. Soit
2,46 millions de travailleurs, selon les chiffres du Comité
des constructeurs français d'automobiles. Un secteur
impossible à abandonner.

Début janvier 2009, c'est donc au tour des constructeurs
automobiles de venir demander l'aide de l'État. La filière
est menacée d'asphyxie, résultat entre autres de l'assèchement du crédit. Dans un premier temps, Renault est
le seul sur les rangs. Mais, pour l'État, pas question de
donner à un constructeur sans donner aussi à l'autre. Le
marché aurait été trop déséquilibré, entre constructeurs
français d'une part, mais aussi par rapport aux constructeurs américains, qui ont eux aussi été renfloués. Rapidement, Renault et PSA sont donc concernés par le
plan de soutien qui se prépare et qui prévoit des prêts à
taux préférentiels en échange d'engagements sur
l'emploi. À Christine Lagarde de négocier les caractéris-
tiques des prêts, à Luc Chatel, alors secrétaire d'État à
l'Industrie, de négocier les contreparties.

« Les discussions ont été tendues parce que les taux évo-
qués par le gouvernement nous paraissaient trop élevés », raconte un ponte d'un des constructeurs. Mais un
accord sur ce point est rapidement trouvé. L'histoire

aurait pu s'arrêter là. Seulement voilà, le patron de PSA, Christian Streiff, que certains décrivent comme « un chat sauvage », coince sur une contrepartie exigée dans le contrat qu'il doit signer avec l'État : la non-fermeture de sites de production en France. Une exigence qui, selon lui, met en péril l'équilibre de l'entreprise. L'Élysée lui demande pourtant de s'engager par écrit ; il refuse, arguant que l'entreprise ne peut s'engager dans ce sens alors qu'elle ne sait pas ce que sera le marché un an plus tard. Cette réticence énerve allégrement les proches du chef de l'État. Le gouvernement annonce finalement des prêts de 6 milliards d'euros à taux préférentiels pour ses deux constructeurs nationaux Renault et PSA Peugeot Citroën (3 milliards d'euros chacun, sous forme d'un prêt à 6 % sur cinq ans), en contrepartie d'engagements sur le maintien de la production et de l'emploi en France. Et sur l'engagement des constructeurs de mettre chacun 200 millions d'euros dans un fonds pour les équipementiers. Christian Streiff quittera Peugeot quelques semaines plus tard. Déjà affaibli au sein de son propre conseil d'administration, le bras de fer qu'il a engagé avec l'État − sur demande de certains de ses actionnaires − a fini par le faire partir.

L'État en a-t-il trop demandé ? Sur le coup, les constructeurs ont tous trouvé que les contreparties demandées étaient dangereuses. « De telles exigences coulées dans le bronze et tamponnées par l'AMF, ça peut mettre une société en danger. Mais nous avons tous compris que cette discussion était aussi politique, qu'il fallait rassurer

l'opinion publique ; avec un peu de recul, c'était nécessaire », dit-on chez PSA.

Bref, l'État est le revenant de l'année. Les industriels qui
l'avaient ignoré l'appellent à la rescousse. Grandes et
petites entreprises le voient comme le seul sauveur de
leur trésorerie ravagée. Les banquiers qui le regardaient
de haut lui doivent la vie. Face à ce retour en grâce totalement inimaginable il y a à peine deux ans, les libéraux
deviennent inaudibles partout dans le monde. Et les
interventionnistes regardent tout cela en souriant…

Acte 3 – Les scrupules de l'État

Certes, ce qui s'est passé dans la seconde partie de la crise
– l'intervention d'urgence de Paris pour sauver les banques d'un assèchement de liquidités – n'est que le dom-
mage collatéral suite à la faillite de Lehman Brothers,
que personne ne pouvait réellement anticiper. Mais
pour l'État, il n'y avait que quelques personnes à montrer du doigt : les banquiers. La crise n'était-elle pas celle
du système bancaire ? Ces derniers ont évidemment, de
par les risques inconsidérés qu'ils ont pris, leur part de
responsabilité. Il n'y aurait pourtant pas vue plus étroite
que de penser qu'une seule corporation a fait défaillir le
système entier. Et pour n'en citer que quelques autres :
des cabinets d'audit absents, des agences de notation
prises dans des conflits d'intérêts, des banques centrales
impuissantes, l'attitude des établissements financiers
américains à la recherche de rendements trop élevés et
d'un État encourageant les ménages à se surendetter, des

© Groupe Eyrolles

systèmes de régulation qui n'ont pas fonctionné... Pour l'économiste Charles Wyplosz[1], « il y a tout un microcosme qui a fonctionné en vase clos, avec des intérêts énormes, et ces intérêts continuent aujourd'hui. Les responsables politiques disent, d'un côté, "c'est très mal ce qu'ont fait les banques", et de l'autre ils ne font pas ce qu'il faut pour que les banques fassent le travail qu'elles auraient dû faire depuis le début de la crise. Il y a des enjeux économiques considérables, des groupes de pression extrêmement puissants et tant que l'on reste sur des généralités stériles de système, d'idéologie, tous ces gens-là s'amusent, se protègent et font en sorte qu'on ne les serre pas trop là où ça ferait mal ».

Ce qui est sûr, c'est qu'on a eu tendance à oublier que ce sont les États qui avaient la responsabilité de la régulation. En France, dans les attributions de la Commission bancaire, il est écrit noir sur blanc que celle-ci doit veiller aux conditions d'exploitation et à la qualité de la situation financière des banques. Qui compose le collège de la Commission bancaire ? Un représentant du gouverneur de la Banque de France – qui en est à ce titre le président –, un représentant du directeur du Trésor et quatre membres nommés par le ministère de l'Économie, notamment. Certes, la santé des banques françaises n'était pas comparable à celle de leurs consœurs américaines, mais ces hauts fonctionnaires du monde de l'économie et de la finance n'ont pas détecté

---

1. Entretien du 19 juin 2009 avec Antoine Mercier sur France Culture.

les risques qu'elles couraient, notamment en raison de leur exposition aux *subprimes*... Au sommet de l'État, on se souvient d'une réunion au tout début de la crise, où les pontes de l'Autorité des marchés financiers (AMF) et de la Commission bancaire expliquaient qu'il ne fallait pas s'inquiéter de la situation et que la purge se ferait toute seule. Et d'une autre au lendemain de la faillite de Lehman Brothers où, alors que les rumeurs circulaient sur la fragilité de Dexia, la Commission bancaire assurait que la banque n'était pas en danger ! Notons quand même que la SEC (Security Exchange Commission) aux États-Unis, le FSA en Grande-Bretagne ou le Bafin en Allemagne n'ont pas su anticiper les événements non plus... Mais est-ce vraiment réconfortant ?

Comme le démontre le rapport sur la prévention des crises rédigé par l'ancien directeur général du FMI Jacques de La Rosière, la crise résulte d'une erreur d'appréciation des pouvoirs publics qui ont la charge de la régulation pour éviter le risque systémique et d'une incapacité des banques centrales et de la BCE à intervenir. La réforme qui s'est engagée depuis sur le contrôle des risques montre d'ailleurs que chacun a pris conscience du problème. Mais tant que la finance continuera à innover plus rapidement que les régulateurs, il y a fort à craindre que le jeu entre le chat et la souris – le régulé et le régulateur – continue longtemps.

Quoi qu'il en soit, pendant deux ans, les États européens ont navigué entre paradoxe et habileté politique. Ils ont réussi à détourner la critique vers les chefs d'entreprise

© Groupe Eyrolles

(entreprises financières en tête), accusés de tous les maux. « Bravo les artistes ! » s'amuse un patron. Le moins que l'on puisse dire, c'est que l'État français a été habile dans sa communication : il s'est tout simplement présenté comme le sauveur. Mais pris entre sa base électorale de droite et peut-être quelques scrupules de n'avoir pas su anticiper la situation, il n'a finalement pas osé prendre toutes les manettes. Des actions sans droit de vote. Pas de représentant de l'État dans la plupart des entreprises dans lesquelles il est monté au capital, contrairement à ce qui s'est pratiqué chez la plupart de nos voisins étrangers dont, encore une fois, les banques allaient plus mal que les nôtres. Pourquoi avoir opté pour un système qui ne lui permet, théoriquement, aucune pression ? Christine Lagarde donne une interprétation : « On aurait été trop loin si on avait profité de cette période pour exiger de mettre des représentants de l'État dans tous les conseils d'administration des entreprises ayant bénéficié de notre soutien. » C'était, selon la ministre de l'Économie, « la limite à ne pas dépasser », notamment pour ne pas envoyer de signaux trop négatifs au marché. Lequel aurait pu l'interpréter comme une mise sous surveillance, voire sous perfusion, des entreprises.

Les critiques en provenance de l'opposition n'ont d'ailleurs pas manqué, notamment à propos des plus-values qu'aurait pu faire l'État s'il avait opté pour un système qui lui faisait prendre une partie du capital des établissements. Avec un peu de recul, certains ont vu dans cette situation une contradiction avec la thèse de la reprise en main par la puissance publique. « Ce n'est pas le grand retour de l'État, mais il doit le faire croire pour rassurer les Français », résume le président du directoire de La Compagnie financière Edmond de Rothschild, Michel Cicurel.

Berner Bruxelles

En d'autres temps, une telle intervention publique se serait assortie de conditions limitant la croissance des établissements, imposées par Bruxelles. Rappelons-nous l'affaire du Crédit Lyonnais. Entre le milieu des années quatre-vingt et 1993, cette banque a mené une stratégie d'expansion qui l'a notamment conduite à accroître ses crédits à l'économie et à développer une série de participations à caractère capitalistique selon le concept de la « banque-industrie » (un concept d'origine allemande, consistant pour un établissement financier à investir pour soutenir une entreprise). Une stratégie qui permettra l'émergence de vrais entrepreneurs français (Pinault, Bolloré, Arnault…) mais qui, associée à un retournement du marché immobilier et à une mauvaise gestion de la banque, a conduit à une accumulation de risques déraisonnables, notamment dans certaines filiales. Pendant deux ans, la Commission bancaire et la Cour des comptes tireront la sonnette d'alarme. C'est le début d'un véritable scandale financier, considéré à l'époque comme une crise du contrôle du système bancaire par ses actionnaires. L'État est montré du doigt. En 1993, le président du Crédit Lyonnais, Jean-Yves Haberer, est remercié et remplacé par Jean Peyrelevade.

De 1994 à 1996, les plans de sauvetage du Crédit Lyonnais se succèdent et aboutissent à la création du Consortium de réalisation (CDR), un établissement public administratif financé par l'État, qui récupère les mauvais actifs de la banque. L'État accorde également un gigantesque prêt participatif. Les négociations avec Bruxelles seront longues et compliquées – Dominique Strauss-Kahn se souviendra longtemps de ses querelles avec le commissaire à la concurrence Karel Van Miert –, avant que cette dernière ne se prononce sur la compatibilité des aides avec les règles de la concurrence. La Commission exigera toutefois des contreparties, tant de la part du gouvernement sur le principe d'une privatisation de la banque selon un calendrier précis (au premier semestre 1999) que de l'établissement, qui a dû engager une transformation de son périmètre (désengagement de l'activité de banque de détail hors de France, réduction d'effectifs, cessions de filiales…).

Ce que Bruxelles a accepté pendant la période récente de crise – ou plutôt ce que les États lui ont fait accepter ! –, jamais elle n'aurait pu le faire en d'autres circonstances. La validation des plans de sauvetage, le respect des règles relatives aux aides d'État, le respect de la concurrence, c'est l'essence même de l'existence de la Commission européenne. La Commission de Bruxelles a-t-elle fermé les yeux et laissé les États reprendre la main ? Évidemment, elle s'en défend, expliquant plutôt qu' « il ne fallait pas que les règles européennes soient un obstacle dans un contexte d'urgence », comme le relève un haut fonctionnaire de la capitale belge. Premier aveu : « Nos procédures standard ne pouvaient pas être applicables à la situation. » La rigueur bruxelloise met alors une croix sur ses exigences. Respecter la procédure européenne « classique » pour venir en aide à des banques potentiellement en danger aurait pris plusieurs mois. Impossible, compte tenu de l'urgence des besoins de Bradford & Bingley, Hypo Real Estate, Fortis et autre Dexia. Les aides auraient aussi dû être réversibles, ce que Bruxelles ne pouvait pas exiger ; le signal au marché aurait été trop mauvais.

La Commission fait alors valoir la disposition 87.3B du traité de Rome (celui instituant la Communauté européenne) qui, en gros, autorise les aides d'État pour « perturbations graves » de l'économie. Elle indique seulement que les mesures prises ne doivent pas provoquer de « distorsions disproportionnées » de la concurrence, par exemple en créant une discrimination à l'égard des institutions financières établies dans d'autres États membres. En outre, les mesures en question doivent être « limitées dans le temps et assorties de contributions adéquates du secteur privé ». En revanche, elle ne dit rien sur la coordination des aides d'État.

Une fois les règles pour les cas urgents établies, la Commission s'attelle aux plans de soutien proposés par les gouvernements pour éviter l'assèchement des économies.

© Groupe Eyrolles

Elle met sur pied un dispositif qui prévoit des conditions extrêmement favorables pour les investissements « verts », autorise les gouvernements à donner leur garantie aux entreprises en difficulté et assouplit les exigences du pacte de stabilité – ce qui permettra aux États membres de dépasser allégrement la barre des 3 % de déficit public. Elle exige quand même, du bout des lèvres, que les conditions soient réunies pour que les banques aidées redeviennent viables à long terme ; que le prix payé par les banques à l'État ne soit pas dérisoire – cet aspect vaudra entre la France et les services de Bruxelles de longues négociations –, et que la concurrence soit respectée. Les contreparties ? « Finalement, avec un peu de recul, on se rend compte qu'on n'en a pas demandé beaucoup », reconnaît-on à Bruxelles. D'autant que les Français n'ont pas du tout utilisé le levier « croissance verte » pour leur plan de soutien, alors qu'ils avaient indiqué que cet aspect les intéressait. Ils ne s'en serviront finalement pas, même pour le plan automobile. Seul le dispositif de prêts les intéressera. « Si on avait su, on aurait non seulement mis plus de contraintes sur les montants, mais aussi exigé davantage de restructuration des entreprises aidées. » Bref, les Français ont été « malins », s'amuse un Bruxellois. Pour ne pas dire autre chose…

Des hommes « d'État »… et d'entreprise

Qui sont-ils, justement, ces Français ? Parce que, pour gérer la crise, c'est toute la machine d'État qui est entrée en action. Les conseillers agissent, souvent dans l'ombre, avec une véritable influence. Lorsqu'il a été élu, Nicolas Sarkozy était-il conscient de la place que l'économie et la finance allaient prendre dans son action ? Il s'est en tout cas entouré d'hommes qu'il connaît bien, tout en ayant le profil pour gérer les événements – loin des profils classiques… La présence à Bercy de Christine Lagarde, une femme ayant fait toute sa carrière dans le privé – dont une grande partie aux États-Unis –, en est la meilleure preuve.

Jusqu'en 2007, les cabinets étaient dirigés par de vrais fonctionnaires, produits de la technostructure, ayant fait leurs preuves dans différents services de l'administration. Aucune connivence avec le privé ; mais aucune expérience du privé non plus. Cette fois-ci, rien à voir ! À l'Élysée, à Matignon et à Bercy, trois hommes ont géré au début de la crise la relation ambiguë que les entreprises entretiennent avec l'État. Trois hommes qui se connaissent bien, inspecteurs des Finances. À l'origine des hommes de l'État, mais qui sont tous trois passés par le monde de l'entreprise ou de la finance. Les patrons et les banquiers, ce sont leurs amis.

À l'Élysée, c'est le secrétaire général adjoint, François Pérol. Un nom qui devint familier aux Français le jour où il fut nommé patron du nouveau groupe bancaire formé par les Caisses d'Épargne et les Banques Populaires, par la polémique que cela engendra. Mais avant cela, il fut pendant deux ans l'homme de confiance de Nicolas Sarkozy sur tous les dossiers économiques. Deux

© Groupe Eyrolles

années pendant lesquelles ses imitations du chef de l'État ont régalé ses interlocuteurs, et ses coups de sang terrorisé ses collaborateurs… Inspecteur des Finances, ancien banquier d'affaires chez Rothschild, son bureau sous les toits de l'Élysée a vu passer tous les patrons du CAC 40, qui l'apprécient pour le brio avec lequel il élabore des stratégies. Il n'était pas rare que les patrons, en sortant du bureau de François Pérol – et aujourd'hui de son successeur Xavier Musca –, passent par la même occasion dans celui du conseiller social du président de la République, le très discret et écouté Raymond Soubie. Presque septuagénaire, cet expert des relations patronat-syndicat qui a conseillé Chirac et Barre à Matignon pendant tout le septennat de Giscard connaît tous les leaders syndicaux depuis trente ans, et a passé avec eux des accords « informels, entre gens courtois ». Puis, à la tête d'une société de conseil en relations humaines, il a continué à distiller ses recommandations aux partenaires sociaux, aux hommes politiques et aux chefs d'entreprise sur tous les dossiers socialement compliqués, comme le changement de statut des salariés d'Air France ou de France Telecom. Aujourd'hui encore, quand un patron s'apprête à annoncer un plan social, il prévient « Raymond la science », comme l'appelait l'ancien leader de FO, André Bergeron. Un surnom qui est resté à cet intermédiaire singulier entre l'État et les entreprises.

À Matignon, c'est le directeur adjoint de cabinet, Antoine Gosset-Grainville. Brillant avocat, il a passé plusieurs années comme associé chez Gide Loyrette Nouel à Bruxelles, en charge de tous les grands dossiers de concurrence des entreprises françaises. Il était sur le point de s'envoler pour New York afin d'y ouvrir un département « concurrence » pour le cabinet quand il a été appelé pour rejoindre l'équipe de François Fillon en 2007. Ce sont Henri de Castries et François Pérol – qu'il connaît pour avoir travaillé avec lui quand il était à Bercy – qui ont soufflé son nom au Premier ministre. L'homme, incollable sur les questions de concurrence, acharné au travail et un brin manipulateur, est de tous les dossiers industriels.

À Bercy, c'est le directeur de cabinet, Stéphane Richard, aujourd'hui patron de France Telecom. Lui aussi énarque, il ne passera qu'une petite année dans l'administration (conseiller au cabinet de Dominique Strauss-Kahn), puis c'est le privé qui l'attirera. Il sera patron de Nexity, puis de Veolia Transports. Se définissant « libéral en économie, de gauche pour tout le reste », il n'a jamais caché son amitié pour Nicolas Sarkozy, qu'il a rencontré en 1995. C'est d'ailleurs à la demande du président fraîchement élu qu'il atterrira à la tête du cabinet du ministre de l'Économie et des Finances Jean-Louis Borloo à l'été 2007. Il y restera quand Christine Lagarde remplacera Borloo moins d'un mois plus tard. Pendant deux ans, dans les couloirs gris de Bercy, son style – décontracté au milieu des visages graves – détonne. Ses amis, ce sont Jean-Marie Messier ou encore Frédéric Oudéa (de la Société Géné-rale). Son adjoint d'alors, Emmanuel Moulin, est un ancien de chez Citigroup. En juin 2009, Stéphane Richard est remplacé par Alexandre de Juniac, qui a quasiment le même profil que son prédécesseur. Polytechnicien et énarque, il a fait lui aussi ses classes dans l'administration. Puis il part rapidement chez Thomson (devenu Thales en 2000), où il occupe le poste de directeur général international avant de rejoindre Bercy, encouragé par le banquier d'affaires Philippe Villin.

«Vive le mélange des genres ! » peut-on se dire à première vue. Nul doute que passer du public au privé (et inversement), fréquenter les mêmes dîners en ville, les mêmes clubs de sport ou avoir été membres des mêmes conseils d'administration participe à la relation incestueuse entre l'État et les entreprises. Mais en ces temps de crise, n'avait-on pas trouvé en Stéphane Richard, Antoine Gosset-Grainville et autre François Pérol des conseillers de l'État qui, pour avoir connu la vie d'une entreprise et de ses salariés, parlaient le même langage que leurs interlocuteurs ? Les Français n'ont-ils pas suffisamment reproché à leur classe dirigeante de n'avoir jamais mis un pied dans la vie réelle ? Et sûrement ne fallait-il pas moins que ça pendant cette période de crise.

D'autant qu'à leurs côtés, complémentaires, œuvraient les plus grands commis de l'État issus de la technostructure. Le premier d'entre eux, c'est Xavier Musca, directeur du Trésor depuis plusieurs années quand la crise financière éclate. « C'est *le* grand homme de cette histoire », dit de lui un banquier. En toute discrétion, Musca est un proche du président de la République : il est originaire du même village corse que la première épouse de Nicolas Sarkozy. Énarque, il commence sa carrière à l'Inspection générale des Finances avant de rejoindre le Trésor. Alternant ses fonctions dans la plus grande administration du ministère de l'Économie et des rôles dans les cabinets ministériels (chez le Premier ministre Édouard Balladur en 1993, puis en 2002 chez les ministres de l'Économie Francis Mer — où il retrouve François Pérol — et Nicolas Sarkozy), il atteindra en 2004 l'un des postes les plus prestigieux de l'administration : directeur du puissant Trésor. À ce titre, il a été l'un des grands ordonnateurs de la préparation des sommets internationaux et des plans de soutien à l'économie. L'homme, qui sait être glacial, est réputé pour sa connaissance de la finance et des marchés internationaux. Il le dit souvent : il est un « serviteur de l'État ». Xavier Musca est aujourd'hui directeur général adjoint de la présidence de la République — poste laissé vacant par François Pérol quand il a rejoint BPCE. Xavier Musca a, durant cette période, travaillé main dans la main avec Christian Noyer, le gouverneur de la Banque de France depuis 2003. Ce fils de conservateur des hypothèques, sorti de l'ENA en 1974, a lui aussi alterné postes au Trésor et fonctions dans les cabinets ministériels de droite. Il servira au ministère des Finances Édouard Balladur, Edmond Alphandéry et Jean Arthuis. Et lui aussi sera nommé directeur du Trésor en 1993.

Bref, l'État, pour gérer la crise financière, s'est appuyé sur une équipe de gens prêts à cela, par leur caractère et

© Groupe Eyrolles

par leur histoire. Récemment, Alain-Gérard Slama estimait que, « pour le chef de l'État, le seul critère qui
vaille, c'est l'efficacité. Il se comporte comme le PDG
d'une grande entreprise qui ne s'encombre pas de
valeurs. Il travaille l'image, la communication et choisit
ses collaborateurs en conséquence[1] ». Bref, un vrai
patron.

Est-ce un modèle définitif ? Encore une fois, tout est
une question de circonstances. Notamment en ce qui
concerne les « rétro-pantoufleurs » : le vivier d'hommes
disponibles dans le secteur privé prêts à abandonner des
salaires confortables et à annuler leurs week-ends en
faveur d'interminables réunions interministérielles est
loin d'être inépuisable…

---

1. Alain-Gérard Slama, « Sarkozy est un prince PDG », *Le Point*,
   20 août 2009.

Chapitre 4

Les dérives des entreprises, les excès de l'État

L'État a profité des dérives du capitalisme pour revenir en force. Ce qui ne l'a pas empêché de lui-même déraper...

Tendre le bâton pour se faire battre...

Les entreprises poussent parfois le capitalisme jusqu'à une limite que la morale n'est pas prête à accepter, donnant l'opportunité aux pouvoirs publics — qu'ils soient de droite ou de gauche — de prendre la main.

La recherche du profit à court terme : délocalisations sauvages et licenciements boursiers

Ces dernières années, la pression de la concurrence a entraîné les multinationales à baisser leurs coûts. D'où l'émergence, il y a quinze ans, des délocalisations. Y a-t-il des délocalisations plus légitimes que d'autres ? La délocalisation qui consiste pour une entreprise à installer une partie de sa production à l'étranger — sans que cela entraîne de licenciements en France — n'est pas en soi critiquable. Surtout si elle conduit à conquérir de nouveaux marchés ou, cas plus dramatique, à assurer sa propre survie. Lorsqu'un chef d'entreprise décide de délocaliser une partie de sa production, il le fait pour rester compétitif, pas pour le plaisir de s'offrir quelques voyages chaque année en République tchèque ou en Chine. Les entreprises américaines et japonaises l'ont compris avant les autres : elles utilisent les pays émergents comme « ateliers », afin d'augmenter leur propre compétitivité et de créer davantage d'emplois dans leur propre pays. Elles y conservent l'amont (recherche et développement, conception des produits, définition des services) et l'aval (marketing, distribution), mais délocalisent la production manufacturière. Tout le monde y trouve son compte.

À côté de cela, il y a les délocalisations « sauvages », celles qui sont sûres de faire les gros titres du journal de 20 heures. Qui ne se souvient pas des images d'ouvriers se retrouvant un beau matin devant leur usine vidée, l'actionnaire – propriétaire de l'outil de travail – ayant décidé de transférer les machines sur un site de production dans l'est de l'Europe ?

Les syndicats se sont emparés de ce genre de sujets. Car leur terrain de jeu, c'est la France et rien d'autre. Ils défendent des droits acquis nationaux ou locaux. Et l'État les y encouragerait presque : son domaine d'action est identique, il y a donc communauté d'intérêts entre eux.

Les licenciements boursiers, une pratique arrivée des États-Unis il y a également une quinzaine d'années, font aussi partie des abus reprochés aux entreprises. Considérée comme une dérive flagrante du capitalisme, cette pratique pose le problème du court-termisme. De quoi s'agit-il ? De licencier pour « faire plaisir » au marché et aux actionnaires. En d'autres termes, l'entreprise ne licencie plus parce qu'elle rencontre des difficultés, mais pour faire remonter son cours de Bourse. « Ce n'est pas la même chose de licencier quand on est pris à la gorge et qu'on ne peut pas faire autrement, et de délocaliser pour faire monter le CAC 40 », avait estimé Nicolas Sarkozy en pleine campagne présidentielle. Mais il reste vrai que les suppressions d'emplois correspondent souvent à un besoin de restructurer l'entreprise afin d'accroître sa performance économique dans un monde ultra-concurrentiel.

Le premier scandale français du genre concerna l'entreprise Michelin en 1999. Au mois de septembre, la direction de l'entreprise annonça simultanément des bénéfices semestriels en augmentation de 20 %, une augmentation des dividendes et 7 500 suppressions d'emplois en Europe. Dès le lendemain, le cours de Michelin gagnait 20 % et la France se réveillait confrontée aux effets de la plongée du pays dans la mondialisation. Les critiques s'étaient alors concentrées sur l'erreur de communication : l'annonce simultanée des « bonnes » et « mauvaises » nouvelles. Difficile à comprendre moralement, cette affaire n'était que le reflet de la loi du marché appliquée à une entreprise mondialisée, dont les actionnaires ne sont pas à Clermont-Ferrand ! Le gouvernement de l'époque (de gauche) se précipitera pourtant pour faire rédiger un « amendement Michelin » renchérissant le coût des licenciements.

Quand, toujours sous la pression des actionnaires, des projets de scission d'entreprises émergent, on peut également s'interroger sur les objectifs réels de ces projets. Dans la course à la recherche du profit à court terme, la France risque de ne pas être longtemps épargnée par l'invasion des « fonds vautours ». C'est peut-être la forme de capitalisme la plus proche de la frontière avec la moralité. Planer patiemment au-dessus de sa proie agonisante avant d'en ramasser les restes : voilà l'objectif de ces institutions financières d'un nouveau genre. Ces fonds d'investissement, pour la plupart anglo-saxons, rachètent la dette d'entreprises en difficulté – et depuis récemment la dette des pays les plus pauvres – ou souscrivent à des augmentations de capital. Pour prendre le contrôle d'une entreprise, ils peuvent notamment exiger le remboursement de leurs créances devant des tribunaux, faisant fi de toutes considérations sociales ou nationales. Il ne leur reste plus qu'à restructurer les entreprises, à les revendre par morceaux et à réaliser de juteux profits. Ces fonds sont apparus au début des années 2000, au moment de l'éclatement de la bulle Internet. Les nombreuses entreprises alors au bord de la faillite étaient des proies faciles. En France, ces fonds ont largement tourné autour d'Eurotunnel en 2006, lorsque l'entreprise était en renégociation d'une énorme dette avec ses créanciers. Et aujourd'hui, la crise des *subprimes* leur offre un extraordinaire terrain de jeu.

© Groupe Eyrolles

Délocalisations sauvages, licenciements boursiers, fonds vautours, on comprend, dès lors, pourquoi les gouvernements veulent « moraliser le capitalisme financier ».

Les rémunérations des dirigeants : stock-options, parachutes dorés et autres retraites chapeau

Depuis quelques années, les excès commis par les entreprises en matière de rémunération de leurs dirigeants se multiplient, donnant du grain à moudre aux politiques – qui estiment avoir été trop longtemps tenus à l'écart par les grandes entreprises – pour se mêler de leur fonctionnement.

Ces formes de rémunération n'ont, en soi, rien de répréhensible. Elles font partie d'un marché régi par l'offre et la demande. Mais on a longtemps cru que le marché et les entreprises étaient capables de s'autoréguler ; la période récente a démontré le contraire.

Les abus ont commencé bien avant la crise de ces deux dernières années. On se souvient ainsi du scandale retentissant sur les conditions de départ du PDG de Carrefour, Daniel Bernard, avec une indemnité de 9,5 millions d'euros et une rente de 29,5 millions. Une affaire qui, en 2005, avait conduit Thierry Breton, alors ministre de l'Économie, à faire passer une loi pour que les rémunérations exceptionnelles des dirigeants soient soumises au vote des assemblées générales.

Une loi qui n'a pas empêché la rémunération exorbitante du patron de Vinci, Antoine Zacharias, qui, en

---

Un peu de vocabulaire...

Stock-option : les stock-options sont des titres qui permettent à des cadres ou des dirigeants d'acheter des actions à un cours fixé à l'avance, et d'engranger par la suite des gains si le cours de Bourse de leur société a grimpé, sans perdre d'argent s'il a reculé.

Parachute doré : on appelle parachute doré la prime de départ qui figure, dès son embauche, dans le contrat de travail du dirigeant d'une entreprise. Elle correspond à l'indemnité versée en cas de licenciement et doit compenser le caractère temporaire du poste. Elle compense également la situation particulière des mandataires sociaux : sans contrat de travail, ces derniers peuvent être remerciés sans qu'il soit besoin de motiver ni d'indemniser le renvoi. Ils n'ont alors pas droit à l'assurance chômage. Ces indemnités sont par ailleurs un des éléments de rémunération offerts pour attirer les meilleurs candidats au moment du recrutement.

Retraite chapeau : c'est le complément de la retraite légale, généralement réservé aux cadres dirigeants ou stratégiques sous la forme d'une provision calculée par rapport à un pourcentage fixe négocié du salaire en fin de carrière. Les taux peuvent fortement varier et atteindre jusqu'à 40 % du salaire. Ce régime permet aux dirigeants de maintenir un haut niveau de revenu pendant leur retraite.

2006, devient le patron le mieux payé du CAC 40. C'est une guerre des chefs à l'intérieur de la société qui déclenchera la polémique : le numéro deux du groupe, Xavier Huillard, décide d'étaler sur la place publique le montant de la prime réclamée par Zacharias pour le succès de la fusion avec ASF. « Laurence Parisot, présidente du MEDEF, Claude Bébéar, Bertrand Collomb,

© Groupe Eyrolles

président de l'AFEP (Association française des entreprises privées, le lobby des grandes entreprises privées), mais aussi le cabinet du ministre de l'Économie, des Finances et de l'Industrie Thierry Breton, se mobilisent alors pour faire cesser ce qu'ils considèrent, désormais, comme un scandale[1]. » Dépassé par la polémique, Antoine Zacharias démissionnera... et partira avec plusieurs millions d'euros (salaire, jetons de présence et indemnités), ainsi qu'une retraite annuelle garantie de 2,1 millions. Depuis ces scandales, les recommandations sur le sujet se sont multipliées pour fixer les règles de gouvernance des entreprises. Le patronat, par le biais du MEDEF et de l'AFEP, a aussi mis en place un code de bonne conduite en la matière, que tous ses membres sont censés appliquer.

Si le capitalisme français a évolué dans ce sens-là, c'est en partie en raison de la mondialisation. Et s'il y a eu dérives, c'est surtout parce que tous les dirigeants se sont alignés sur les critères anglo-saxons. Ce qui leur a paru d'autant plus cohérent que leurs actionnaires sont très internationaux. Rappelons que les investisseurs étrangers possèdent 45 % du capital des sociétés du CAC 40.

Les conseils d'administration se sont donc inspirés de ce qui se passait outre-Atlantique et outre-Manche. « Comment faire pour fixer une rémunération ? On consulte les grands cabinets de recrutement, on compare à ce qui se

---

1. Julie Chauveau, «Vinci : la folle histoire de la chute d'Antoine Zacharias », *Les Échos*, 5 juillet 2006.

fait ailleurs au niveau du top-management. Et comme on essaie en général d'embaucher quelqu'un qui est au-dessus de la moyenne, on lui donne un "package financier" qui est au-dessus de la moyenne. Et comme celui d'à côté fait pareil, la moyenne ne cesse d'augmenter et ça finit par faire des salaires mirobolants », explique le membre du comité de rémunération d'une entreprise du CAC 40. Les grands cabinets de recrutement, Spencer Stuart, Towers Perrin ou Korn/Ferry International par exemple, ne sont pas non plus innocents dans les dérives. Leur rôle : conseiller les entreprises sur de potentiels candidats à des postes de direction et procéder à leurs évaluations. Seulement voilà, ces cabinets ont, en grande partie pour flatter leurs clients, donné des avis complaisants sur les profils, attribuant la note « triple A » à quasiment tous les candidats que ces derniers leur présentaient. Et contribuant ainsi à former la même bulle que celle créée dans le secteur financier par les agences de notation.

Sur la période très récente, l'État a estimé que son intervention était d'autant plus légitime que les polémiques sont survenues dans les entreprises qu'il avait soutenues financièrement. En pleine crise fin mars 2009, deux affaires vont émouvoir l'opinion publique : la Société Générale, qui a bénéficié comme les autres banques françaises du soutien de l'État (1,7 milliard destiné à renforcer ses fonds propres), annonce qu'elle va attribuer 70 000 stock-options à son président Daniel Bouton et 150 000 à son directeur général Frédéric Oudéa. Le même jour, l'équipementier automobile Valeo annonce que son PDG, Thierry Morin, quitte l'entreprise avec un parachute doré de 3,2 millions d'euros.

Ces deux annonces arrivent au pire moment dans le calendrier. Un désastre dans l'opinion publique. Le jour même, les Français sont dans la rue pour manifester. Ils défilent pour faire comprendre au gouvernement qu'ils ne peuvent plus faire face aux effets de la crise. Un désastre aussi parce que le chômage s'envole et que les plans de licenciement font tous les jours les gros titres des journaux. Les chiffres cités jour après jour dans la presse dépassent l'entendement pour la majorité des Français. Et pour un grand nombre de patrons eux-mêmes… La Confédération générale des petites et moyennes entreprises (CGPME), par la voix de son président Jean-François Roubaud, n'aura de cesse, pendant cette période, de clamer que les patrons de PME ne se reconnaissent pas dans la polémique qui s'est installée. Il faut dire que les salaires des « Français qui se lèvent tôt » sont loin d'être extravagants. Selon les derniers chiffres de l'INSEE, le salaire net annuel moyen des dirigeants de société s'élevait en 2006 à 52 700 euros, soit… 4 400 euros par mois ! Une rémunération sans commune mesure avec celles des grands patrons, d'autant que leur part variable est souvent anecdotique.

Bref, l'État a considéré que les banquiers, pour des histoires de rémunérations personnelles, venaient lui mettre des bâtons dans les roues et qu'ils risquaient de créer une polémique à l'issue incertaine. « Il serait grand temps que Société Générale rime un peu plus avec intérêt général », avait alors lâché la ministre de l'Économie Christine Lagarde. Une phrase qui fait très mal ! Les patrons de la Société Générale, Daniel Bouton, Frédéric Oudéa et leurs deux directeurs généraux délégués, qui avaient dans un premier temps annoncé qu'ils ne lèveraient pas leurs stock-options tant que l'État soutiendrait la banque, n'ont alors d'autre choix que de plier l'échine et d'y renoncer totalement. On va le voir plus loin, il y a un vrai problème dans la manière de faire de l'État. Mais ces deux dirigeants n'auraient-ils pas dû, dans le contexte de la crise, envisager d'eux-mêmes de ne pas toucher de stock-options ?

Le mois de mars 2009 sera consacré à ce qu'une telle polémique ne se reproduise pas. Le gouvernement fait passer un décret « pour fixer les conditions dans lesquelles est interdite l'allocation de stock-options ou d'autres avantages, bonus, lorsque les entreprises bénéficient du soutien de l'État ». Le dispositif s'applique aussi pour les entreprises publiques. Immédiatement, les deux patrons de GDF-Suez, Gérard Mestrallet et Jean-François Cirelli, annoncent qu'ils renoncent à leurs stock-options. L'entreprise ne bénéficie pourtant d'aucune aide de l'État et elle est largement bénéficiaire. Mais le poids de l'opinion publique et la pression politique sont les plus forts.

Le même genre de polémique a alors lieu partout dans le monde. Aux États-Unis, le nouveau président Barack Obama décide début février 2009 de plafonner à 500 000 dollars le salaire annuel des dirigeants d'entreprises ayant reçu une aide de l'État. « Nous ne critiquons

© Groupe Eyrolles

pas les riches. Nous ne sommes pas envieux face à la réussite de certains, et nous croyons que le succès doit être récompensé. Mais ce qui énerve les gens, c'est de voir les dirigeants récompensés pour leurs échecs ; surtout quand ces primes proviennent de l'argent des contribuables », avait expliqué Barack Obama lors d'une conférence de presse. En guise de réponse au président américain, la présidente du MEDEF, Laurence Parisot, affirme qu'il n'est « ni normal ni souhaitable que l'État décide des rémunérations des chefs d'entreprise ». Encadrer les rémunérations des patrons, c'est de « la responsabilité du patronat », expliquait-elle alors.

Et pour la suite ? Le pouvoir politique risque de vouloir continuer à avoir un droit de regard sur les rémunérations pour montrer aux Français qu'il est de « leur » côté, tandis que les dirigeants n'auront de cesse de rappeler que le marché des patrons est, lui aussi, mondialisé.

Le cas des bonus

Le cas des bonus des traders est intéressant parce qu'il se situe typiquement à cheval entre les dérives des entreprises et les dérapages de l'État. Après s'être battu pour moraliser le capitalisme, l'État français – mais aussi son voisin allemand – a trouvé son nouveau cheval de bataille : lutter contre les bonus excessifs, symboles des anciennes habitudes et d'un monde dont il ne veut plus.

Le sujet arrive dans l'actualité à l'été 2009. Les responsabilités expliquant l'ampleur qu'il a prise sont multiples.

© Groupe Eyrolles

En France, BNP Paribas aurait dû penser que mettre de
côté un milliard d'euros pour ses traders alors que la crise
n'était pas terminée et que le G20 de Pittsburgh – dont
le thème central était la moralisation du système
financier – se tenait quelques semaines plus tard ferait
polémique. Même chose aux États-Unis, où Goldman
Sachs annonce en plein mois de juillet avoir provisionné
plus de 11 milliards de dollars pour les bonus. Cette
flambée des primes, si tôt après la crise financière qui a
sollicité les contribuables, est politiquement inacceptable
– même si elle répond mécaniquement à l'embellie
qu'ont connue certaines activités de marché au printemps 2009 –, car elle est le symbole des anciennes habitudes. Gouvernements et autorités financières des
grands pays multiplient alors les déclarations visant à
calmer la fièvre qui s'est de nouveau emparée des rémunérations des banquiers d'investissement et des traders
vedettes. Tous les hommes politiques en ont convenu
pendant cette période : pour avoir les meilleurs traders,
il faut les rémunérer, quitte à ce que les niveaux dépassent le raisonnable. Mais il faut aussi assumer que les
chiffres donnent le tournis au citoyen lambda et prendre
le risque que le sujet tourne à la polémique. C'est en
outre un problème moral : qui peut prétendre valoir
autant d'argent ?

D'un autre côté, la France a mis un point d'honneur à
mettre un terme à cette politique de rémunération des
traders. Au point de centrer une grande partie de son
discours sur la refondation du capitalisme financier

© Groupe Eyrolles

autour des bonus. Lesquels ne sont évidemment pas seuls à l'origine de la crise financière ; se focaliser sur ces enveloppes, certes extravagantes, distribuées à quelques personnes dans les banques en fin d'année, ce n'est évidemment pas résoudre le problème. La France a-t-elle déployé autant d'énergie à mettre sur la table du G20 les questions de normes comptables ou de fonds propres des banques ? Elle n'en a en tout cas pas donné l'impression.

L'accord trouvé au G20 sur la question des bonus traduit d'ailleurs l'ambiguïté de la situation. Certes, le principe d'un encadrement est posé : limitation des bonus en pourcentage du revenu net bancaire lorsqu'une banque ne dispose pas de fonds propres suffisants, pas de bonus garantis au-delà d'un an, versement différé sur trois ans, introduction d'un « malus » en cas de contre-performance du trader. Techniquement, tout est parfait sur le papier. Mais dans les faits, les règles seront sûrement moins draconiennes. Non seulement elles dépendront des risques associés à l'activité d'un établissement financier, mais une grande latitude sera laissée aux différents pays, puisque c'est chaque banque centrale qui devra les établir.

Est-ce qu'à l'avenir, ces principes de gouvernance permettront de revenir à des comportements plus mesurés ? Difficile à dire. Mais est-ce vraiment le sujet ? Parce que, finalement, les États se sont polarisés sur les bonus non pas parce que c'était « le » sujet de fond de cette crise, mais bien parce qu'il était populaire et médiatique.

L'État aussi peut déraper

Le poids de la politique et de l'opinion publique

Si l'État agit parfois au-delà de son rôle, c'est parce qu'il est persuadé que c'est ce que l'on attend de lui. Il sait que s'il intervient trop, on le lui reproche ; mais que s'il n'intervient pas assez… on le lui reprochera aussi. Selon une étude TNS Sofres réalisée début 2009, la moitié des Européens considère que l'État n'intervient pas assez dans la vie économique de leur pays. Le chiffre monte à 59 % en France, alors qu'il n'est que de 38 % en Espagne et de 24 % en Suède. « Au terme d'une tradition millénaire, les Français accordent à l'État une confiance souvent méritée, souvent excessive. Fiers d'une fonction publique où ne manquent ni les dévouements ni les talents, ils ont le constant réflexe de demander à l'État la solution immédiate à toute difficulté ; loin de tenter d'épuiser d'abord – comme d'autres le feraient en esprit de subsidiarité – tous les moyens disponibles à portée de leur main[1]. »

La crise a incité les opinions publiques à demander une intervention plus régulatrice de l'État. Le problème, c'est quand les considérations politiques s'en mêlent… Deux ans durant, les banquiers en ont fait les frais. Michel Péberau, président de BNP Paribas, se doutait-il de la tournure qu'allaient prendre les événements quand

---

1. Michel Camdessus, *Le sursaut, vers une nouvelle croissance pour la France*, La Documentation française, 2004.

il déclare, un matin de février 2009, lors de l'assemblée générale de l'Institut de l'entreprise : « L'État est de retour pour limiter la crise économique, comme pour conjurer le risque systémique qui pèse sur la sphère financière. Nul ne peut aujourd'hui contester la nécessité de ses interventions. Faut-il pour autant remettre en cause l'économie de marché globalisée et opposer économie réelle et économie financière pour organiser une économie administrée et fermée financée par des banques nationalisées ? Faut-il diaboliser l'innovation financière et adopter des réglementations rigides et fermées sur les marchés financiers ? »

Fallait-il aussi vilipender la profession, créer le mythe du « vilain banquier » ? Ces derniers ont certainement compris qu'ils allaient traverser des moments désagréables le jour où le chef de l'État a demandé – certes implicitement, mais publiquement – la démission du patron de la Société Générale, Daniel Bouton. Celui qui a dû affronter l'affaire Kerviel, puis celle de ses stock-options est rapidement devenu le symbole de l'arrogance des banquiers, la tête de Turc préférée de Nicolas Sarkozy et des médias. Sous la pression, il décidera de quitter son fauteuil. L'État était-il dans son rôle en demandant son départ ? Évidemment que non ! Même Christine Lagarde l'admettait : « Je ne pense pas que ce soit au gouvernement français de prendre une décision d'administrateur. » Mais le pouvoir en place savait que l'opinion était derrière lui. « Du chauffeur de taxi au gestionnaire de fonds de pension, en passant par le salarié de la PME du coin », disait-on alors sans retenue à l'Élysée. L'État ne continuera d'ailleurs pas à se priver de ce soutien pendant des mois, pour montrer au monde de la finance que c'est lui le patron. Il agira ainsi pendant toute l'année qui suivra, parfois sans réellement définir la limite entre son rôle de régulateur et celui de politique.

Souvenons-nous : l'État n'a pas pris d'action avec droit de vote et n'a pas exigé de représentants dans la plupart des conseils d'administration des entreprises qu'il a soutenues. En réalité, il n'avait pas besoin de formaliser sa présence autour de la table du conseil d'administration de BNP Paribas, de la Société Générale ou autre Crédit Agricole. Il savait que la pression venant des Français suffirait.

Un banquier raconte : « Pendant la crise, nous avions signé un contrat avec l'État : en échange de son soutien financier, nous nous engagions à poursuivre le financement de l'économie. Le problème, c'est que, pendant un an, la dimension politique s'en est mêlée et il y a eu des avenants au contrat que nous avions signé. » Les avenants ? Tout ce que le gouvernement a exigé des banquiers dans l'année qui a suivi : les faire renoncer à leurs stock-options, les obliger à augmenter les prêts à l'export, les faire renoncer à provisionner des bonus, leur mettre la pression pour qu'ils ferment leurs filiales dans les paradis fiscaux... Et, plus récemment, les taxer sur les bonus versés aux traders. En prenant l'opinion publique à partie, avec des mises en scène où l'on convoque les patrons à l'Élysée sous les flashs des photographes et des petites phrases assassines de l'exécutif

© Groupe Eyrolles

destinées à faire les gros titres des journaux, l'État savait qu'il pouvait faire accepter quasiment n'importe quoi aux banquiers ! « Je n'ai jamais vu la *machine Élysée* fonctionner comme ça. Il s'agissait de couper l'herbe sous le pied aux critiques de l'opposition », poursuit un autre patron du monde de la finance.

Que les mesures prises aient été légitimes ou pas, là n'est pas la question. Ce qu'il faut retenir ici, c'est que l'État a tout simplement contourné les conseils d'administration. Nicolas Sarkozy a d'ailleurs cette phrase extraordinaire au printemps 2009, un jour où il convoque les banquiers pour leur dire que la seconde tranche de prêts est disponible et que le patron du Crédit Agricole, Georges Pauget, l'informe que son conseil d'administration estime ne pas en avoir besoin : « Mais enfin, ce n'est quand même pas le conseil qui décide ! » Le banquier, qui refuse ce dirigisme, résistera.

Les banquiers – montrés du doigt comme responsables de tous les maux – auraient pu donner n'importe quelle justification, ils auraient été inaudibles. Et comme ils ne pouvaient pas se désintéresser de l'opinion publique – ce sont quand même leurs clients –, ils ont accepté de donner l'image de ceux qui recevaient les coups en courbant l'échine. « Mais ce fonctionnement qui consiste pour l'État à prendre de lourdes décisions uniquement en fonction de l'opinion publique et à les réduire en une phrase symbolique ou une image télévisuelle, c'est un vrai problème », estime un de ces patrons.

© Groupe Eyrolles

C'est d'ailleurs ce qui a incité les banques à rembourser l'État le plus vite possible, pour se sortir de ses griffes. La reprise des marchés financiers les y a aidées. Ainsi, moins d'un an après avoir été renfloué par l'État – devenu son premier actionnaire –, BNP Paribas annonçait une augmentation de capital pour le rembourser. « BNP Paribas rachète sa liberté », écrivit *La Tribune*[1] à la une de son édition du 30 septembre. Les autres banques françaises rembourseront dans les semaines suivantes pour retrouver leur autonomie, dans le sillage d'un mouvement plus large en Europe et aux États-Unis. Ce qui ne veut pas dire que l'État va désormais leur laisser toute latitude. Non seulement il continue, depuis cette date, à leur mettre la pression sur la distribution de crédits, mais il s'est également activé pour que Michel Barnier obtienne à Bruxelles le fauteuil de commissaire européen pour le Marché intérieur et la Finance à partir de janvier 2010. Histoire de peser sur la régulation…

Les banquiers n'ont pas été les seuls, ces dernières années, à subir la recherche du symbole médiatique. Les entreprises en général, dans une période où leurs impératifs ne correspondaient pas à ceux de l'État, ont été montrées du doigt. Rappelons-le encore une fois : lorsqu'une entreprise est privée, ou que l'État n'est qu'un actionnaire parmi d'autres, ce dernier n'a pas à intervenir dans la stratégie.

© Groupe Eyrolles

---

1. *La Tribune*, 30 septembre 2009.

En tout cas, pas de manière dirigiste. Pourtant, les exemples se sont multipliés ces derniers mois. Rien qu'en janvier et février 2010, les pouvoirs publics sont montés au créneau – en se répandant dans la presse, alors qu'ils auraient pu prendre le parti de gérer les choses en coulisse, comme cela se fait depuis des décennies –, donnant un signal pour le moins déroutant aux industriels qui investissent en France. Et avec un succès tout relatif.

Des informations de presse évoquent la possible production de la Clio IV en Turquie ? Il n'a pas fallu une semaine pour que Carlos Ghosn, le patron de Renault – dont l'État est actionnaire à 15 % –, se retrouve dans le bureau du chef de l'État. Les membres du conseil d'administration de l'entreprise ont aussi dû apprécier cette petite phrase sortie de la bouche du ministre de l'Industrie Christian Estrosi, lors d'une conférence de presse à Bercy : « Que l'État ait 10 %, 15 % ou 20 % de Renault ; qu'il ait un administrateur autour de la table ou qu'il en ait six, pensez vous que c'est au conseil que se décide la stratégie de Renault… ou pensez-vous que c'est à l'Élysée ? »

Total (un groupe 100 % privé) prévoit de fermer la raffinerie de Dunkerque pour cause de surcapacité ? Sa direction est convoquée également au ministère de l'Industrie et chez le président de la République, pour se faire expliquer qu'il doit maintenir l'activité du site industriel des Flandres. Une chose est sûre : avant d'investir dans un nouveau site en France, Total y réfléchira certainement à deux fois !

La gestion du dossier Molex a fourni, avant ça, l'une des meilleures illustrations de ce que l'État ne devrait pas faire – même si l'on comprend évidemment, dans ce cas-là comme dans tous les autres, son objectif de sauver des emplois.

Convoquer des patrons à Bercy, leur parler de manière « très ferme », exiger d'eux des engagements financiers, les forcer à rencontrer des repreneurs pour leur usine, imposer des médiateurs, menacer de bloquer des commandes… L'avenir du site industriel de Molex à Villemur-sur-Tarn (Haute-Garonne) s'est révélé un véritable feuilleton durant l'été 2009.

Voici des extraits de l'un des nombreux communiqués de presse envoyés par le ministre de l'Industrie, Christian Estrosi, intitulé « La direction américaine de Molex ne se comporte pas comme elle devrait ». Certes, l'entreprise a des torts dans cette histoire. Mais les termes utilisés par Bercy sont la preuve indiscutable que, parfois, l'État se soucie davantage des titres qui feront la une des journaux que des réalités des entreprises.

« Christian Estrosi, ministre chargé de l'Industrie, a eu ce matin par téléphone un nouveau contact très tendu avec M. Éric Doesburg, directeur du développement du groupe Molex. Il lui a indiqué que le gouvernement français est prêt à financer intégralement le projet de reprise du repreneur, et à donner au repreneur l'ensemble des garanties financières nécessaires pour que la question du financement soit réglée en amont et ne soit plus un sujet. Christian Estrosi a indiqué de manière très ferme à M. Doesburg que Molex doit désormais négocier de bonne foi avec le repreneur afin d'aboutir à un projet de reprise validé par les deux parties d'ici au début de la semaine prochaine. Toute autre attitude du groupe Molex serait inadmissible pour le gouvernement français, qui en tirerait alors toutes les conséquences, notamment en demandant officiellement aux constructeurs automobiles français de suspendre immédiatement toute commande de matériel incluant des produits fabriqués par le groupe Molex. » Un accord sera finalement trouvé et le repreneur (le fonds d'investissement américain HIG) gardera une soixantaine de salariés sur deux cent cinquante. Au prix d'une image déplorable donnée aux investisseurs internationaux.

Outre les considérations médiatiques, l'État s'encombre beaucoup trop de considérations politiques. Le cas Alstom, on l'a vu, ne doit pas donner l'illusion que l'État peut sauver individuellement toutes les entreprises qui en auraient besoin ! Nous sommes début 2009. Le sous-traitant automobile Heuliez va mal. Depuis des mois, il est même menacé de faillite, raison pour laquelle il dépose un dossier au Fonds stratégique d'investissement (FSI). « Rejeté. » La doctrine du FSI est claire : il doit investir dans des sociétés prometteuses et il n'a pas vocation à devenir actionnaire minoritaire d'une multitude d'entreprises non viables. Seulement voilà, Heuliez est le premier employeur des Deux-Sèvres. Le fief de l'ancienne candidate socialiste à l'élection présidentielle,

Ségolène Royal. Laquelle a trouvé son angle d'attaque : l'État ne ferait aucun effort pour soutenir l'entreprise afin de laisser le champ libre à un ami du président de la République, Vincent Bolloré, qui fabrique, tout comme Heuliez, des véhicules électriques. Une attaque qui a de quoi piquer au vif Nicolas Sarkozy. Ce dernier déclare donc le 15 mars à Saint-Quentin que le FSI investira dans Heuliez. La seule vraie question qu'aurait dû se poser l'État a été oubliée dans ce dossier : le projet était-il viable (et le FSI pouvait alors investir) ou ne l'était-il pas ?

« Ce n'est pas seulement le chef de l'État qui est installé à l'Élysée, c'est le président de France SA », titre le magazine *Challenges*, début 2009[1]. Et pourtant, ce n'est pas faute pour la présidente du MEDEF Laurence Parisot de le répéter : l'État doit laisser « l'entrepreneur entreprendre » et « ne jamais s'immiscer dans ce qu'il ne sait pas faire, c'est-à-dire la création et la gestion en direct des entreprises ».

Le patriotisme économique

Au-delà des dossiers ponctuels, traités médiatiquement et sous l'influence d'une opinion publique qui demande à être rassurée, d'autres dangers plus traditionnels peuvent découler d'un trop grand interventionnisme de l'État. L'intrusion du patriotisme économique est l'un

---

1. Anne-Marie Rocco, Irène Inchauspé, Sylvie Hattemer et Nicolas Stiel, « Sarkozy, président de France SA », *Challenges*, 29 janvier 2009.

© Groupe Eyrolles

d'eux. Alors que l'État cède de plus en plus au marché la gestion de ses entreprises publiques, il multiplie les interventions dans la sphère économique pour défendre l'identité française de certaines entreprises d'envergure internationale.

Une pointe de patriotisme économique apparaît en 2004 lorsque l'État français met en place un mécanisme pour éviter que la société Alstom ne soit démantelée et partiellement reprise par l'allemand Siemens. Ou quand le gouvernement apporte son soutien à l'offre publique d'achat (OPA) lancée par le groupe français Sanofi-Synthélabo sur le laboratoire franco-allemand Aventis (au détriment du groupe suisse Novartis). Mais c'est en juillet 2005, alors que court la rumeur d'une OPA de l'américain Pepsi sur le groupe français Danone, qu'elle fait vraiment irruption. Et met en branle tout le pays. Le Premier ministre Dominique de Villepin déclare alors vouloir défendre Danone, un des « fleurons » de l'industrie. Une bonne intention, certes. Mais quelques observateurs ont osé s'interroger sur le côté stratégique du yaourt, qui aurait justifié l'intervention de l'État… Au même moment, de l'autre côté de l'Atlantique, Washington s'opposait au rachat du groupe pétrolier Unocal par le chinois Cnooc. Un secteur, cette fois-ci, stratégique…

Le patriotisme économique à la française connaîtra encore plusieurs épisodes, au travers des affaires Enel-Suez et Mittal-Arcelor. L'agitation du gouvernement pour réaliser la fusion GDF-Suez était-elle légitime alors

© Groupe Eyrolles

que le projet de l'italien Enel pour reprendre Suez aurait abouti à la création d'une grande entreprise européenne ? Dans la même veine, le gouvernement a-t-il eu raison, en 2006, de tenter d'empêcher l'indien Mittal de s'offrir Arcelor ? « Chacun trouve normal que l'État ait son mot à dire sur les questions d'énergie. La question de l'acier est pour nous stratégique », assurait François Fillon, qui se souvient peut-être qu'à l'école, dans les années soixante, la puissance des pays était mesurée à leur production d'acier. L'interpellation était loin d'être anodine : elle consistait simplement à se demander si une entreprise européenne, considérée comme une institution industrielle, pouvait passer sous le contrôle du très international homme d'affaires Lakshmi Mittal. Mais alors que le monde a changé, le discours, très justifié après la guerre avec la reconstruction et la guerre froide, l'est-il toujours dès lors que l'on se trouve dans un monde globalisé dont les barrières douanières sont tombées ?

Depuis, l'État a mis en place un ensemble d'outils pour défendre les intérêts de la France dans l'économie mondialisée : transposition de la directive sur les OPA pour que les entreprises disposent de moyens de défense renforcés, projet de décret protégeant des secteurs stratégiques français… En 2007, la France obtient même que soit rayée du traité de Lisbonne la référence à la « concurrence libre et non faussée » en tant qu'objectif de l'Union européenne. Cet objectif existait pourtant dans les traités européens depuis 1957.

© Groupe Eyrolles

« Paradoxalement, le fait que le capital soit libre de tout mouvement a refait surgir la question de la nationalité de l'entreprise en raison des enjeux d'emploi sous-jacents. Les multinationales conservent en effet souvent leur siège social et les services à haute valeur ajoutée (tels que la recherche ou le marketing) dans leur pays d'origine, d'où l'intérêt pour les États de garder de grandes sociétés dans leur giron. Cependant, une fois privatisée, une entreprise peut être rachetée par des capitaux étrangers. Les risques de délocalisation et de destruction d'emplois expliquent alors l'interventionnisme de l'État[1] » constaté au cours de ces dernières années.

Certains gouvernements sont attentifs à la propriété de l'entreprise (la France), alors que d'autres s'inquiètent de la localisation des activités (la Grande-Bretagne). Et finalement, n'est-ce pas l'activité dans un pays, et donc l'emploi et la croissance que cela génère, que l'État devrait avoir comme objectif ?

Le protectionnisme

La montée du protectionnisme est un réflexe en période de crise. On connaît les avantages que les politiques peuvent tirer de la mise en place d'une telle politique : ils montrent à leurs concitoyens leur volonté d'agir pendant la tempête. Mais il faut se souvenir que c'est notamment

---

1. « État actionnaire versus État régulateur ? », La Documentation française, 2005, sur le site Viepublique.fr.

Le protectionnisme

Le protectionnisme est une politique qui consiste à prendre des mesures pour favoriser les activités économiques nationales au détriment de la concurrence étrangère, que l'on considère dans certains cas déloyale. Il se traduit avec des instruments tels que les droits de douane, les quotas, les subventions ou les restrictions d'importations.

---

la montée du protectionnisme aux États-Unis dans les années trente qui a transformé la récession en dépression.

Avec la crise que nous venons de connaître, on a pu constater un changement d'état d'esprit des dirigeants dans de nombreux pays du monde. Christine Lagarde elle-même l'a reconnu : « La crise nous incite à nous refermer sur nous-mêmes. Nous devons résister à la tentation du protectionnisme », déclara-t-elle en Italie le 20 juillet 2009, lors du Forum économique et financier pour la Méditerranée. La ministre de l'Économie, qui a passé plusieurs années de sa vie professionnelle à la tête d'un cabinet d'avocats à Chicago, le sait : le protectionnisme consiste à nier complètement le principe du commerce international dans un monde globalisé. Or, se fermer au reste du monde, c'est mauvais pour la croissance et l'emploi d'un pays. Dans la théorie économique classique, le protectionnisme empêche une allocation optimale des ressources : il freine la compétitivité, la productivité, les échanges commerciaux internationaux... Il a aussi pour conséquence une augmentation des prix pour les consommateurs, et des coûts de

© Groupe Eyrolles

production pour les entreprises. Sans oublier que toute mesure protectionniste expose à des mesures de rétorsion. Les économistes Jeffrey Sachs et Andrew Warner ont, dans une étude réalisée en 1995[1], distingué deux catégories de pays : les pays « ouverts » et les pays « fermés ». Pendant que le premier groupe bénéficiait d'une croissance de son PIB de 4,5 % par an en moyenne sur la période 1970-1995, le deuxième devait se contenter d'une croissance de 0,7 %. Voilà qui aurait pu inspirer les détracteurs de la désormais fameuse directive de l'ancien commissaire européen Frits Bolkestein. Symbolisé par le « plombier polonais », ce texte entendait permettre aux prestataires de services de travailler partout aux conditions de leur pays d'origine. La France, traduisant ainsi son malaise avec la mondialisation, s'éleva contre cette directive, qui fut en grande partie à l'origine de l'échec du référendum sur la Constitution européenne en mai 2005.

Mais revenons à notre crise et aux réactions instinctives qu'elle a induites. Pendant que José Luis Zapatero conseille à ses concitoyens de consommer espagnol, les Américains, dans leur plan de relance, sont tentés de ressortir le « Buy American Act », ce dispositif mis en place à la suite de la crise de 1929, qui dit notamment que l'argent d'un plan de relance ne peut servir qu'à acheter des produits et des services dont le contenu américain

---

1. Jeffrey Sachs et Andrew Werner, *Economic reform and the process of global integration*, Brookings paper on Economic Activity, 1995.

est supérieur à un certain seuil. L'Hexagone, de son côté, dans son plan de soutien au secteur automobile, exigeait dans les contreparties aux prêts accordés aux constructeurs leur engagement de ne pas délocaliser de sites de production implantés en France. Quand Nicolas Sarkozy déclare : « Qu'on crée une usine Renault en Inde pour vendre des Renault aux Indiens est justifié, mais qu'on crée une usine en Tchéquie pour vendre des voitures en France, ce n'est pas justifié », on peut s'interroger sur la lecture des règles du marché unique européen par le président !

D'autant que les interconnexions dans le monde actuel atténuent la portée de ce genre de déclarations. Par exemple, quand l'État fédéral américain sauve AIG de la faillite, il vient aussi au secours de certaines banques européennes : plusieurs d'entre elles – la Société Générale, Calyon (Crédit Agricole), BNP Paribas, la Deutsche Bank ou encore Barclays – se seraient appuyées sur AIG pour éviter d'avoir à mettre du capital de côté, comme l'exigent pourtant les règles internationales pour toute banque détenant des actifs risqués. Ces banques auraient pu perdre gros si le premier assureur avait fait faillite ! Selon le même principe, lorsque les États-Unis aident General Motors ou Ford, ils aident des entreprises employant énormément de personnel en Europe.

© Groupe Eyrolles

Dans une tribune[1], Thomas Wieder, historien et enseignant à l'École normale supérieure de Cachan, écrit : « "Nous nous sommes engagés aujourd'hui à faire tout ce qui est nécessaire pour [...] promouvoir le commerce mondial et rejeter le protectionnisme", ont assuré les dirigeants du G20, jeudi 2 avril 2009, à l'issue du sommet de Londres. Dont acte. Cette déclaration de principes serait toutefois plus crédible si les principaux poids lourds de la planète n'avaient, depuis quelques mois, remis à l'honneur des pratiques qu'ils s'évertuent à brocarder. Comme le triplement annoncé des taxes américaines sur le roquefort, la fermeture du marché chinois au porc irlandais ou l'établissement par le gouvernement indonésien d'une liste noire de 500 produits étrangers. Ou encore l'imposition de taxes antidumping sur les importations de bougies et de cierges fabriqués en Chine, décidée par l'Union européenne mardi 7 avril, cinq jours après le sommet du G20... Selon un rapport de la Banque mondiale publié le 17 mars 2009, on recensait alors déjà 47 mesures restreignant les échanges commerciaux depuis le début de la crise financière. N'en parler jamais, y penser toujours, s'y résoudre parfois : ainsi pourrait se résumer l'attitude des grands États industrialisés face au protectionnisme en ce début de XXIe siècle. »

---

1. Thomas Wieder, « Protectionnisme : la tentation permanente », *Le Monde*, 11 avril 2009.

Conclusion

« Non, la France n'est pas une île »

La crise économique et financière de 2008 a incontesta-
blement modifié les relations entre l'État et les entreprises. Mais il serait prématuré, voire erroné, de conclure
qu'elles ont changé en profondeur. Oui, l'État français,
emmené par le président de la République, est beaucoup intervenu. Mais cela n'est pas nouveau. L'histoire
nous montre que les relations entre le monde politique
et le monde économique sont incessamment soumises à
des mouvements de balancier. Les périodes extraordi-
naires (crises, guerre froide ou autres) sont propices à
l'interventionnisme étatique, porté par l'opinion publique. Les périodes plus sereines sont propices au développement du libéralisme et du rôle des entreprises, porté
par la légitimité économique de ces dernières.

Aujourd'hui, l'heure est à l'interventionnisme. On
entend même parler d'un État qui serait devenu le
patron du capitalisme français. « Il en est en tout cas le
surveillant général, dans toute sa dimension éducative et
punitive », estime un banquier. Pour Christine Lagarde,
il en est plus modestement « le parrain qui, en ce
moment, prend soin de ses multiples filleuls… ». Mais

on sait qu'on reviendra à un plus juste milieu. En effet, l'État est légitime quand il reste dans ses attributions. Les entreprises auront aussi besoin de mieux s'insérer dans la vie de la société. Mais État et entreprises ne doivent pas oublier qu'ils ont besoin l'un de l'autre ; qu'ils sont « condamnés » à s'entendre pour poursuivre leur vie commune.

Les entreprises, financières, en premier lieu, devront se souvenir de la crise de 2008. La leçon est rude, mais claire : on ne se coupe pas impunément de l'opinion publique. Il est plus que probable que, dans le futur, les chefs d'entreprise seront beaucoup plus attentifs, non pas à leur gloire personnelle et à leurs avantages particuliers, mais à l'insertion de leur entreprise dans le tissu social, national en premier lieu et mondial ensuite. Cette responsabilité sociale, très développée dans le monde anglo-saxon, devra être leur priorité. Il sera impératif de démontrer aux salariés, et au-delà aux opinions publiques, que les entreprises créent de la richesse pour tout le monde, et pas seulement pour quelques actionnaires, dirigeants ou traders.

L'État français aura aussi à tirer la leçon de cette période agitée.

A-t-il eu raison de s'immiscer dans la vie d'entreprises que la crise aurait pu mettre en déroute ? Oui, indiscutablement, surtout dans le cas des banques : leurs difficultés auraient entraîné un effondrement de l'ensemble de l'économie du pays. Non, s'il s'agit d'interventions

© Groupe Eyrolles

ponctuelles et médiatisées, surtout dans des secteurs non stratégiques. A-t-il eu raison de vouloir un droit de regard sur les salaires des patrons et leurs stock-options ? Sûrement, à un moment où les Français ne comprenaient plus ni l'attitude des patrons des banques ni celle de l'État. Mais sûrement pas en prenant des décisions à la place des conseils d'administration. Encore moins s'il pensait ainsi se libérer de problèmes plus fondamentaux.

Reste maintenant à savoir quelles seront les relations entre puissance publique et entreprises dans le monde de l'après-crise. Une partie de la réponse ne se trouve pas en France. Elle se trouve dans ce que les pays du monde voudront faire du capitalisme. Car une chose est sûre : l'État ne pourra pas décider de règles propres à l'Hexagone. « Non, la France n'est pas une île[1]. » Et lorsqu'elle a tendance à vouloir réguler les bonus, elle sait que ce n'est pas la peine de bricoler à l'intérieur de ses frontières si à Londres, à Singapour ou à New York les règles ne changent pas. Si Nicolas Sarkozy veut gagner son OPA sur le capitalisme français, il doit aussi la gagner, au moins en idées, sur le capitalisme mondial. La puissance politique en a désormais conscience : les échanges internationaux, l'interdépendance de la propriété des entreprises, l'interconnexion des marchés financiers constituent autant de puissants ressorts de rappel qui limitent les initiatives purement nationales.

---

1. Yves de Kerdrel, *Le Figaro*, 11 août 2009.

C'était tout l'enjeu de la France en arrivant au G20 de Pittsburgh en septembre 2009 : faire converger les régulations afin de ne pas avoir un comportement « excentrique », au sens littéral du terme. Ainsi, le cavalier seul de l'État français pour imposer son propre modèle du capitalisme ne se heurterait plus au fait que les grandes entreprises françaises sont adossées à un actionnariat largement anglo-saxon et dépendent donc des exigences de celui-ci.

Peut-on dire qu'il y a consensus sur la gouvernance de l'économie mondiale après Pittsburgh ? La lecture n'est pas la même des deux côtés de l'Atlantique, signe que la convergence n'est pas assurée sur tous les sujets. Si un accord semble avoir été trouvé sur les bonus des traders, rien n'est moins sûr quant aux normes comptables – une des raisons profondes de la crise. Mais ce qui est sûr, c'est que le pouvoir de ce lieu de gouvernance international a été renforcé, que ce groupe a été validé en tant qu'organe économique mondial. Le trio formé par le G20, le FMI et le nouveau forum de stabilité financière[1] va devenir une sorte de régulateur financier mondial. Il

---

1. Le FSF (Financial Stability Forum) a été créé en février 1999 par les ministres des Finances et les gouverneurs de banques centrales des pays du G7, à la suite des perturbations financières survenues en 1997 et 1998. Ces perturbations avaient alors montré la nécessité, compte tenu de l'intégration croissante des systèmes financiers, de croiser les informations et de s'assurer qu'aucun aspect de la stabilité financière n'échappe à leur vigilance. En avril 2009, le FSF se transforme en FSB (Financial Stability Board) pour intégrer tous les pays du G20.

© Groupe Eyrolles

devra davantage promouvoir la stabilité, améliorer le fonctionnement des marchés et réduire le risque systémique.

Derrière ces considérations techniques, c'est une réalité plus simple qui ressort : pour intervenir, l'État a puisé sa légitimité en France, mais c'est à l'international qu'il est allé chercher la validation de son action. C'est la meilleure preuve que l'État, à l'avenir, cherchera sa légitimité au-delà de ses frontières.

Bref, ce qui est nouveau dans cette crise, ce n'est pas tellement le retour en force des États pris individuellement ; c'est que – si l'on admet que le G20, au-delà de son impact médiatique, préfigure une gouvernance planétaire économique légitime –, face à un capitalisme global, il y a maintenant une autorité publique globale qui émerge. Les États sembleraient ainsi accepter de perdre une partie de leurs prérogatives nationales, voyant bien que les opinions publiques réclament des actions efficaces.

Les entreprises ne seront, à l'avenir, plus seulement une affaire d'État... ou, dit autrement, l'affaire d'un État. Et si ce livre s'était appelé « L'État, patron du capitalisme français », le prochain ne devrait-il pas s'intituler « Le G20, patron du capitalisme mondial » ?

© Groupe Eyrolles

www.ingramcontent.com/pod-product-compliance
Lightning Source LLC
Chambersburg PA
CBHW072315210326
41519CB00057B/5156